7197

LE
POSITIVISME

DES

DERNIERS TEMPS

DISCOURS LUS A LA RUE JACOB

PAR

LE Dr AUDIFFRENT

L'UN DES EXÉCUTEURS TESTAMENTAIRES D'AUGUSTE COMTE

PARIS

AU SIÈGE DE LA SOCIÉTÉ POSITIVISTE

30, RUE JACOB, 30

OCTOBRE 1880

Quatre-vingt-douzième année de la grande crise.

LE
POSITIVISME

DES

DERNIERS TEMPS

DISCOURS LUS A LA RUE JACOB

PAR

LE Dr AUDIFFRENT

L'UN DES EXÉCUTEURS TESTAMENTAIRES D'AUGUSTE COMTE

Depuis la mort de son fondateur, survenue en septembre 1857, le positivisme a éprouvé une déviation grave, qui aurait pu en compromettre la marche. Quelques disciples, restés fidèles aux vraies traditions du maître, ont entrepris de rétablir la filiation rompue. Les détails de la lutte qu'ils ont eue à soutenir pour arriver à ce résultat sont bien connus de tous ceux qui s'intéressent, de près ou de loin, à leur doctrine. Réunis aujourd'hui rue Jacob, 30, en un local qui restera jusqu'à nouvel ordre le siège de leur action, ils espèrent y reconstituer une nouvelle direction. Les discours qui y ont été lus les dimanches 3, 10 17 et 24 octobre, peuvent montrer à la fois la nature de la crise que traverse en ce moment le positivisme, le véritable esprit d'une doctrine qui arrivait à sa plus complète expansion, quand la mort est venue surprendre le fondateur, enfin les moyens qui doivent être employés pour en assurer désormais la propagande. En agissant comme ils l'ont fait, avec le concours de leurs coreligionnaires, anglais et français, ces disciples ont la conviction d'avoir rempli un devoir. Si la mort, ou des événements imprévus, venaient les arrêter, ils n'auraient pas moins rendu un important service à la cause à laquelle ils ont consacré leur existence.

Ceux qui viendront après eux, quels qu'ils soient, seront avertis que ce n'est point autour de celui qui se dit le continuateur d'Auguste Comte, qu'il faut aller chercher des inspirations. La marche du positivisme ne peut donc éprouver désormais qu'un nouveau retard, mais on peut assurément espérer, que son véritable esprit ne sera plus méconnu. C'est dans cette conviction que je livre aujourd'hui à la publicité les divers discours qu'on va lire et quelques extraits de la correspondance d'Auguste Comte, qui serviront en quelque sorte de confirmation à tout ce que nous avons avancé. Il n'est jamais trop tard pour remplir son devoir, et la crainte d'un insuccès ne doit pas en détourner.

**L'Amour pour principe et l'Ordre pour base;
le Progrès pour but.**

**Vivre pour
autrui.**　　　　　　　　　　　　　　　**Vivre au grand
jour.**

**La soumission
est la base du perfectionnement.**

Messieurs,

En inaugurant cette salle en juin dernier, notre honorable confrère, M. Congrève, s'est contenté de vous dire sommairement ce qu'il attendait des réunions auxquelles il vous a si fraternellement invités. Avec sa rare discrétion, il a cru devoir s'abstenir cependant de vous parler des choses qui ont divisé ceux qu'une union de plus de vingt ans semblait devoir rendre inséparables. Il ne vous a pas entretenu non plus des événements qui ont préparé la regrettable scission survenue parmi eux.

Si nous n'avions aujourd'hui qu'à défendre nos personnalités blessées dans une lutte, à tous égards déplorable, nous laisserions volontiers ce soin à d'autres, et après avoir fait tout ce qui pouvait être tenté pour éviter la lutte, nous nous en serions rapportés au jugement de la postérité, que rien ne peut égarer, et qui ne fait jamais défaut à ceux qui osent l'invoquer.

Mais l'intérêt de la cause que nous avons à défendre et des doctrines que nous avons à propager, se trouve tellement lié à tout ce qui s'est produit depuis plus de deux ans, qu'il ne nous est pas permis de ne point en parler.

Nous devons, en outre, rétablir les faits ; sans cela on pourrait voir en nous de simples agitateurs, des dissidents à un titre quelconque, des schismatiques, comme on a osé le dire, et certes personne ne trouverait dans ce petit groupe, qui a été obligé de s'éloigner du domicile vénéré du maître commun, ses vrais continuateurs, ceux qui sont restés fidèles à sa doctrine, et, qu'on me permette le mot, qui se croient encore imbus de sa sentimentalité. C'est plein de cette conviction qu'ils osent aujourd'hui se poser avec lui en continuateurs de la grande œuvre du douzième siècle, de ce catholicisme d'un autre temps, si peu connu de nos jours, même des catholiques, de cette grande aspiration où le philosophe, s'il sait interroger les intentions, verra toujours un noble pressentiment de l'avenir.

J'espère, Messieurs, que personne ne trouvera déplacés les développements où je vais entrer, et qui serviront, j'aime à le penser, à mieux montrer la nature de l'œuvre que nous avons à poursuivre en commun et le but vers lequel doivent tendre nos efforts.

La mort qui priva le positivisme de son chef fut un coup de foudre pour ses disciples. Au milieu d'une grande élaboration religieuse, qui semblait lui communiquer une nouvelle ardeur, lorsque tout en lui respirait la force et la santé, nous devions croire qu'il vivrait encore de longues années. Tant était grande la confiance qu'il nous avait inspirée en lui-même, tant nous paraissait nécessaire sa précieuse existence, que dans le cours même de la maladie qui allait la briser et malgré les symptômes les plus alarmants, nous espérions le voir sortir triomphant de la lutte pour la vie. Aussi, la petite famille philosophique fut-elle jetée, par cette mort inattendue et prématurée, dans le plus grand désarroi.

Personne n'avait songé à la disparition possible de celui qui était tout et sans lequel personne n'était rien. Naturellement, en de semblables dispositions d'esprit, aucun de ses disciples n'avait songé aux mesures à prendre pour préserver d'une dispersion possible ceux qui se trouvaient alors réunis, et encore moins à ce qui devait être fait pour assurer la propagande d'une œuvre dont chacun sentait néanmoins l'importance sociale. Auguste Comte lui-même n'avait jamais voulu admettre la possibilité d'une mort prochaine. Son œuvre n'était pas achevée, il touchait au terme de ses labeurs, il ne voulait pas mourir encore.

C'est dans ses dernières œuvres, c'est dans son testament, écrit deux ans avant le fatal événement, qu'il faut chercher, Messieurs, ses dernières dispositions. Il y avait formulé quelques conseils auxquels, en cas de mort subite, ses disciples devraient se conformer. Mais un fort petit nombre seulement d'entre eux y avaient arrêté leur pensée, on pourrait même dire, sans manquer à la vérité, que ces conseils n'avaient fixé l'attention de personne.

Tous savaient cependant que le maître avait très explicitement déclaré qu'il ne voyait parmi les disciples qui l'entouraient personne à qui pût écheoir sa succession religieuse. Mais ce qu'on ignorait, ou ce qu'on voulait ignorer, c'est qu'il avait formellement déclaré qu'un chef insuffisant lui semblait plus dangereux que l'absence même de chef. Il devait, disait-il, laisser aux libres efforts de ses vrais disciples le soin de faire surgir un successeur.

Une regrettable erreur fut la cause de bien des malheurs. On crut que la qualité de président des exécuteurs testamentaires d'Auguste Comte constituait un titre suffisant pour conférer la direction provisoire à celui qu'il en avait revêtu. J'ai eu, Messieurs, à m'expliquer là-dessus. Si Auguste Comte avait désigné son plus ancien disciple pour présider à l'ensemble des opérations de ses treize exécuteurs testamentaires, sans qu'il pût toutefois jamais se substituer à eux, c'est qu'il espérait trouver en lui un dévouement absolu à sa personne, un profond respect pour ses dernières volontés. Ses disciples, en croyant, après la mort du maître, devoir se réunir autour du président de ses exécuteurs testamentaires, commirent donc une méprise. Ils subirent l'influence d'un préjugé littéraire lorsqu'ils furent poussés à conférer l'autorité, non au plus zélé, non au plus énergique d'entre eux, mais au plus instruit. Un pareil choix fut d'autant plus regrettable que, sur son lit de mort, Auguste Comte maintenait encore le jugement qu'il avait porté en son testament et dans le tome final de sa politique positive, sur l'insuffisance pratique et religieuse de celui qu'il choisissait néanmoins pour présider la réunion de ses exécuteurs testamentaires.

Ce ne fut pas la seule faute qui fut commise dans le désarroi général. En lisant le testament, si on avait pu le faire avec la maturité et le sang-froid qu'exigeait la situation, on aurait pu reconnaître qu'Auguste Comte avait pourvu lui-même au ralliement de ses disciples, sans s'exposer toutefois à porter atteinte à la spontanéité de leurs efforts. C'est à la Société positiviste qu'il confiait en quelque sorte cette mission.

On sait, Messieurs, dans quel but fut fondée cette Société, après le mouvement de février 1848. Sous l'Empire, elle changea, il est vrai, de caractère, et de société politique, elle devint une Société fraternelle, où, sous l'œil du maître, on continuait à se voir, à s'encourager, en attendant des temps plus propices à une propagande active. Son maintien eut d'ailleurs pour résultat de concourir à l'entretien du subside sacerdotal, auquel se trouvait liée l'existence même du maître. Ne serait-ce qu'à ce point de vue, du vivant d'Auguste Comte, la Société positiviste avait donc rempli un rôle utile, quoique effacé. Aussi en son testament crut-il devoir la maintenir. Mais pour lui laisser un caractère pratique et fraternel, pour la préserver de toute dégénérescence littéraire ou scientifique, il en donna la présidence à un prolétaire.

A côté de la Société positiviste, il y avait la réunion

des treize exécuteurs testamentaires, qui certes pouvait concourir au ralliement de la famille positiviste. Il n'y avait donc pas, à la mort d'Auguste Comte, de grands dangers de dispersion, il eût fallu simplement se conformer aux dispositions qui ressortaient si explicitement du testament lui-même et du tome final de la Politique Positive. On avait des indications formelles sur ce qu'il y avait à faire, et la ligne de conduite que devait suivre chacun était toute tracée. Il n'y avait donc qu'à y persévérer. Mais, je le repète, ces indications n'étaient connues que d'un fort petit nombre, on se laissa aller à l'entraînement du moment et on céda à un préjugé littéraire.

Le positivisme fut donc pourvu d'un directeur, à titre intérimaire, il est vrai. Il est inutile de vous parler, Messieurs, de ce directeur, il vous est suffisamment connu. Quoique ce fût le plus instruit, sinon le mieux instruit, des disciples d'Auguste Comte, ce n'était ni le plus dévoué, ni le mieux pourvu d'initiative. Il suffirait pour vous en convaincre de vous rappeler ses hésitations dans les circonstances graves qui réunirent, après la mort du maître, en son domicile, rue Monsieur-le-Prince, toute la petite famille positiviste. On peut affirmer encore que par la tournure de son esprit parfaitement connue du maître, et par ses dispositions critiques, c'était le moins apte des disciples alors présents à rappeler qu'ils avaient une religion à propager.

Le lendemain de l'investiture de ce directeur intérimaire, une regrettable déviation intellectuelle commençait donc ; elle devait durer vingt ans. C'est ce qu'affirmait, d'ailleurs, l'un des plus chauds partisans actuels de M. Laffitte : « *Après avoir relu toutes ses circulaires annuelles*, m'écrivait-il, au début de la crise, il ne m'a paru préoccupé que d'une chose, fonder l'enseignement. » Vous connaissez, Messieurs, les tristes résultats de cette tentative de plus de vingt ans. Ce fut une véritable mystification pour nous tous que cet enseignement inauguré rue Monsieur-le-Prince.

Comment M. Laffitte a-t-il pu songer à fonder l'enseignement positiviste, le lendemain de la mort du maître, alors que celui-ci conseillait encore, dans le dernier tome de sa Politique, d'ajourner la fondation des écoles positives jusqu'à ce qu'on fût pourvu d'un personnel enseignant assez nombreux, assez consistant, pour qu'un même professeur, prenant l'élève aux degrés élémentaires de la hiérarchie encyclopédique, l'élevât sans transition jusqu'à ses termes extrêmes, social et moral. A cette condition seulement, fait observer le maître, on évitera les dangers moraux qui accompagnent toute culture intellectuelle.

Sans se préoccuper de ces dangers, sans avoir formé un personnel suffisant, le chef nominal du positivisme consacre toute son activité à poursuivre la réalisation d'une chose condamnée d'avance. Ce fut, on peut le dire, l'unique préoccupation de sa direction, ainsi que le reconnaît son principal adhérent.

L'Empire, nous a-t-on dit, pour trouver une excuse à cette inqualifiable conduite, en contenant toute activité sociale, nous condamnait à limiter notre propagande à l'enseignement, quelque défectueux qu'il fût. Cette excuse est spécieuse, Messieurs ; pour y répondre, je suis obligé de vous dire ce qui aurait pu être fait sous l'Empire, et ce qu'Auguste Comte avait projeté. Permettez-moi d'entrer à ce sujet dans quelques développements qui, en raison de leur importance, constitueront la partie essentielle de cet entretien.

Messieurs, il n'est point de religion qui ne doive comporter un résumé, qui ne réclame une image finale, pouvant en condenser les trois parties essentielles : culte, dogme et régime. Le résumé du positivisme, c'est l'utopie de la Vierge-Mère, cette dernière et mystique création d'Auguste Comte.

Fondée sur une hypothèse toute scientifique, quoique très hardie, elle suppose, comme vous le savez, que la procréation est devenue toute féminine. Dans cette hypothèse, l'organisme féminin, condensant l'ensemble des améliorations accomplies dans la constitution humaine, sous une influence toute sociale, a pu s'élever à ce haut degré de délicatesse qui permet au cerveau de stimuler directement les phénomènes les plus intimes de la rénovation organique. Le produit issu de la femme devient de la sorte l'œuvre de l'Humanité tout entière, dont elle reste la meilleure personnification. Ce produit est le résultat d'une exaltation affective, d'un acte auquel toutes les puissances de l'âme ont concouru, et à la faveur duquel le cerveau a maîtrisé le corps au point de le soumettre à l'empire du sentiment.

Cette hypothèse, Messieurs, peut servir de résumé à une grande conception, à la doctrine positiviste tout entière. Tous les phénomènes de notre double existence, physique et morale, viennent s'y condenser, en effet, dans une lumineuse image; elle indique aussi le but de toute activité, puisque c'est le terme de toutes les améliorations que comporte une existence consacrée au service d'autrui.

Le culte, le dogme et le régime lui-même, en tant que résumant nos trois modes d'existence morale, intellectuelle et matérielle, peuvent donc s'y condenser, et le problème humain, qui consiste toujours à subordonner la personnalité à la sociabilité, en vue de l'Humanité, y trouve dans une image utopique un résumé qui en fait ressortir les vraies conditions (1).

---

(1) Une hypothèse n'est pas un fait, a dit M. P. Laffitte, par l'organe d'un de ses fidèles, à propos de l'utopie positiviste de la Vierge-Mère. Il était ainsi sous-entendu qu'une semblable hypothèse pourrait être prise ou laissée au gré des lecteurs. Ce serait gravement se méprendre sur la pensée d'Auguste Comte que de considérer de la sorte une conception dans laquelle il résume son œuvre tout entière, et qu'il destinait à être, pour le culte nouveau, l'équivalent du mystère eucharistique. Les trois parties de

Telle est la nature et le but de l'utopie positive de la Vierge-Mère, où vient s'épanouir, disons-le, l'œuvre tout entière d'Auguste Comte. C'est sous cet aspect que vous devez présenter désormais le positivisme, m'écrivait-il, en me chargeant d'une mission exceptionnelle.

Autour de cette conception finale se groupent, Messieurs, deux autres institutions : l'incorporation du Fétichisme au Positivisme et la théorie des milieux subjectifs, destinées l'une et l'autre à étendre le domaine du sentiment, but de toute synthèse, source de toute synergie.

Voilà, reconnaissons-le, le positivisme des derniers jours. C'est ainsi qu'Auguste Comte voulait que fût présentée désormais sa doctrine, ainsi qu'on en pourrait fournir aisément la preuve. Est-ce ainsi qu'on l'a présentée ? Je dois faire ici appel à la bonne foi de tous.

Il y avait, comme on le voit, autre chose à faire qu'à vouloir organiser l'enseignement, et la dictature impériale ne pouvait s'opposer en rien à la réalisation de ce qu'avait conçu le fondateur de la religion de l'Humanité.

Nous devons considérer le Positivisme comme définitivement entré dans sa phase d'installation, me disait le maître sur son lit de mort, et c'est au sentiment qu'il faut désormais demander de préparer aux enseignements de

---

la religion, culte, dogme et régime, se trouvent condensées dans l'utopie positiviste, au même titre qu'elles le sont dans le mystère chrétien. C'est sous cette image finale qu'il voulait que fût présenté désormais le positivisme. On voit par là qu'il n'y a rien de facultatif dans la manière de considérer une telle conception. On a voulu cependant insinuer le contraire en faisant remarquer qu'il n'en est pas question dans le catéchisme positiviste, qui est le résumé de la doctrine. S'il n'en est pas question, c'est que l'utopie posiviste n'est venue au jour que postérieurement à la publication de cet ouvrage. Dans le dernier volume de la Politique positive et dans sa correspondance, Auguste Comte la présente comme l'image finale de son œuvre, comme l'épanouissement de sa doctrine. On a cherché encore en cette occasion à dissimuler ce qu'on n'a pas le courage d'avouer, dans la crainte du ridicule ou d'un discrédit auprès de ceux qu'on tient à ménager. Voilà comment on entend être les continuateurs d'Auguste Comte.

l'esprit. Voilà comment, dans le volume final de la conception de seconde vie, de la Politique Positive, il fut amené à l'inversion qui plaça le culte avant le dogme. L'Humanité se manifestant assez par ses produits, son culte pouvait, en effet, être directement institué et fournir à la fois un stimulant au cœur et un aliment à l'esprit.

Il était prudent, Messieurs, de laisser à des temps ultérieurs la préparation de l'enseignement positiviste. Par des prédications, auxquelles une vaste érudition aurait pu aisément fournir matière, il fallait pousser à une action collective, qu'il eût été facile d'instituer d'après les dispositions communes et les indications qu'on aurait pu trouver dans l'œuvre du maître. La situation impériale, je le répète, ne s'opposait pas à cette propagande, elle devait même la favoriser. Qu'on en juge d'après le projet qui fut communiqué à plusieurs disciples, et auquel quelques-uns furent associés. Ce projet devait être formulé dans un appel dont nous connaissons la teneur.

Messieurs, la situation générale n'a pas sensiblement varié depuis la mort d'Auguste Comte. Sous la République, comme sous l'Empire, nous sommes toujours en présence des mêmes difficultés. C'est d'un côté la révolution, débordant, ne pouvant rien constituer et menaçant les plus respectables intérêts ; c'est, d'un autre, le catholicisme épuisé, réduit à compromettre tout ce qu'il voudrait protéger. Dans une semblable situation, le positivisme ne semble-t-il pas s'imposer naturellement ? Un obstacle s'oppose cependant à l'avènement de la seule doctrine qui nous paraît apte à concilier des situations aussi opposées et à faire cesser cette opposition de nos besoins de cœur à ceux de l'esprit, opposition qui constitue le fond et l'origine de l'anarchie moderne.

En supprimant les corporations religieuses et les compagnies savantes, la Convention nationale, vous le savez,

Messieurs, avait eu en vue d'assurer la libre discussion et d'affranchir le présent de tous les obstacles officiels. En rétablissant ce qu'avait supprimé la grande Assemblée, en nous enfermant dans le cercle sans issue de la science, de l'enseignement et de la religion officiels, Bonaparte nous immobilisait dans un ensemble de mesures aussi oppressives que contradictoires. C'est sous ce régime qu'ont vécu tous les gouvernements qui lui ont succédé. C'est ce régime qu'on veut encore nous imposer aujourd'hui.

Nous nous trouvons ramenés de la sorte, plus que jamais, à la confusion des deux pouvoirs, spirituel et temporel, propre aux civilisations antiques et d'où le catholicisme, il faut le reconnaître à son honneur, nous avait tirés.

Il fallait rompre à tout prix ce cercle vicieux, et pour cela un effort suprême devait être tenté. Quels auxiliaires pouvions nous trouver dans une telle entreprise, sinon ceux qui, comme nous, pouvaient y être intéressés. Philosophiquement la suppression du budget des cultes, en faisant disparaître toutes les églises nationales, plaçait définitivement la Compagnie de Jésus à la tête du mouvement catholique et substituait par le fait son général au chef nominal de la chrétienté. La célèbre Compagnie était donc intéressée à réclamer cette suppression, c'est ce qu'avait si bien vu Auguste Comte. Elle y trouvait un autre avantage, car, avec le concours de ceux qui ont qualité pour protester contre les dangers de la science et de l'enseignement officiels, et pour en montrer toutes les lacunes morales et intellectuelles, elle pouvait certainement espérer de voir, du même coup, tomber les budgets académiques et universitaires. Le champ se trouvait dès lors ouvert à la libre discussion, et les doctrines, quelles qu'elles fussent, destinées à servir de base à un nouvel ordre social, pouvaient prévaloir librement et se faire ainsi accepter.

Une pareille initiative, Messieurs, pouvait parfaitement

convenir à la célèbre Compagnie qui, au seizième siècle, arrêta la marche du protestantisme et préserva le monde occidental du danger de la solution insuffisante que voulait nous imposer la doctrine négative.

Tel était le but de l'appel aux Ignaciens qu'avait projeté le fondateur du positivisme, appel qu'il se proposait d'écrire après l'achèvement du travail qu'il méditait, lorsque la mort est venue le surprendre.

Qui pourrait contester que la suppresion du triple budget, clérical, universitaire et académique, en bénéficiant à la libre discussion, ne dût amener dans l'évolution de la pensée humaine un progrès radical. La suppression de ce triple budget plaçait, en effet, la discussion sur un champ nouveau.

Directement attaquées, les diverses *fois* théologiques, depuis longtemps en désaccord avec la raison moderne, se trouvaient réduites à abandonner le terrain du dogme pour se placer définitivement sur celui de la morale, et y faire ressortir l'importance de la règle et de la discipline pour le bonheur individuel et collectif. La conciliation, qui n'eût jamais pu s'établir entre elles et la foi de l'Humanité, qui exclut toute intervention surnaturelle dans les affaires terrestres, s'imposait pour ainsi dire sur ce terrain commun. Appelé, en quelque sorte, à consacrer les institutions que toutes les religions antérieures ont puisées dans l'étude empirique, mais rationnelle de la nature humaine, pour fonder la discipline sociale, le positivisme se trouvait appelé à leur donner une nouvelle investiture. Il les recommandait, scientifiquement pour ainsi dire, comme pouvant préserver des dissolvants révolutionnaires leurs adeptes respectifs, en attendant qu'une foi démontrable eût pu se substituer chez eux à la foi surnaturelle de leur enfance. Le domaine scientifique, jusqu'à ce jour limité par l'oppression académique, aux domaines inférieurs, cosmologique et biologique, s'élevait, dès lors au domaine social et moral, dernier refuge de la théologie.

C'est ainsi que sous la présidence obligatoire de la religion de l'Humanité, une ligue religieuse de tous ceux qui ont une foi quelconque, catholiques, protestants ou israélites, musulmans mêmes, devait se constituer, contre ceux qui n'en peuvent avouer aucune, contre ceux qui n'acceptent aucun devoir, contre ceux qui méconnaisent l'obligation de se soumettre à une règle. Voilà comment aussi la pensée humaine s'agrandissait par l'exploration systématique du domaine social et moral, jusqu'à ce jour livré aux esprits les plus mal préparés.

Telles seront, Messieurs, les conséquences de la suppression des divers budgets, théologiques, métaphysiques et scientifiques, servis encore par l'État. Elles sont assez importantes pour qu'on doive y penser.

Auguste Comte, nous dira-t-on, se nourrissait d'une illusion. Il fallait supposer la célèbre Compagnie qui dirige en ce moment les destinées de l'Église catholique bien peu clairvoyante pour se prêter à une pareille combinaison? Ne verrait-elle pas, en effet, les conséquences qu'aurait pour elle la suppression du budget clérical? Ne comprendrait-elle pas que, même avec la faculté pour elle d'étendre librement son action, c'était s'annuler que d'accepter une ligue dont la présidence reviendrait de droit à une doctrine qui rejette toute croyance surnaturelle et qui aspire directement à se substituer à tout enseignement théologique? Il est, Messieurs, des choses qui s'imposent malgré leur invraisemblance, quand le moment en est venu. Si je vous ai parlé d'un tel sujet, c'est pour vous montrer quelles étaient les dispositions d'Auguste Comte pendant la dernière année de son existence ; c'est ce qu'établit sa correspondance. Vous me permettrez de renvoyer à notre prochain entretien le développement d'un pareil projet. Le continuateur d'Auguste Comte était tenu, il nous semble, de le prendre en considération.

Celui qui déclarait que le positivisme était entré dans sa phase d'installation, qui songeait à la constitution d'une ligue religieuse dont la présidence lui serait réservée, qui voulait en faire un instrument pour arrêter la marche de la révolution et mettre à l'ordre du jour les grandes questions sociales et morales que repousse notre enseignement officiel, celui-là avait en tête, comme on peut s'en douter, autre chose que de vouloir créer l'enseignement positiviste. Il savait qu'il y avait autour de lui des forces disponibles, et il songeait très sérieusement à en tirer parti, mais ce n'était pas en les employant à enseigner l'arithmétique ou la chimie.

C'est dans ce but qu'il voulait réunir ses principaux disciples théoriques dans une action commune. Il avait préparé pour eux certaines missions, afin de les initier, en quelque sorte, à l'exercice du pouvoir spirituel. C'est ainsi que l'un d'eux fut chargé d'exposer à Rome, au directeur de la Compagnie de Jésus, le plan de la ligue religieuse dont je viens de vous entretenir. Il avait si peu l'intention de tenir dans l'ombre cette tentative, qu'il se proposait de publier, comme introduction à l'appel aux Ignaciens, qu'il avait projeté, le remarquable rapport qu'il avait reçu à ce sujet de ce disciple.

Messieurs, c'est l'esprit plein encore de ces communications de la dernière heure que je fis instituer, quand on crut devoir se donner un directeur, un conseil religieux où trouvaient naturellement place tous les disciples théoriques qu'Auguste Comte avait désignés, dans son testament ou ailleurs, comme pouvant aspirer au sacerdoce. Certes, il ne dépendait que du directeur du Positivisme de les utiliser, soit pour le conseil, soit pour l'action. Il les laissa inoccupés. Quand on parcourt leurs productions ultérieures, quand on les compare à celles de leur chef nominal, on voit combien les sentiments et les dispositions religieuses étaient développées chez eux, et combien

2

ils l'étaient peu chez lui. Ce contraste, Messieurs, donne l'explication de bien des choses.

Le Conseil religieux institué pour aider à la propagande du positivisme, faute d'occupation, tomba bientôt en désuétude. De son côté, la Société positiviste, malgré les précautions qu'avait prises Auguste Comte, en lui donnant pour président un prolétaire, par la faiblesse de ce président, et aussi par le fait de sa désertion pendant plusieurs années, se résigna à écouter les causeries de celui qui voulut être tout. Comme on l'a fait observer, s'il y éteignit l'ardeur révolutionnaire, il n'y développa pas l'enthousiasme positiviste.

Ainsi s'organisa une sorte de pédantocratie, où les plus ambitieux aspirèrent à prendre sur leurs confrères, pour la plupart trop passifs, une suprématie intellectuelle qu'encourageaient et entretenaient les tentatives d'enseignement positiviste rêvé par leur chef.

C'est dans ces conditions qu'après vingt ans de patience et de déférence exagérée, un soulèvement général se fit contre l'autorité du prétendu directeur du positivisme. Depuis longtemps, son insuffisance avait apparu à chacun ; en France, comme en Angleterre, on sentait qu'on n'était plus dans les voies d'Auguste Comte, qu'on manquait aux exigences d'une situation qui s'aggravait de plus en plus. On protesta, mais on ne sut prendre aucune résolution virile. A la suite de bien des hésitations, une scission se fit. Les natures passives, qui sont partout les plus nombreuses, malgré leurs protestations initiales, sous prétexte d'unité, continuèrent à faire nombre autour de M. Laffitte. Les plus actives s'affranchirent de toute dépendance religieuse à son égard.

Pour conjurer la crise et éviter une scission, qui restera toujours regrettable il eût fallu faire, il y a deux ans, ce qu'on ne sut pas faire à la mort du maître. Messieurs, puisque après vingt ans *d'intérim*, aucun successeur

n'avait surgi, il était parfaitement inutile d'en chercher un.

La Société positiviste reconstituée sous un président plus
actif, reprenant son ancienne destination, aurait suffi pour
rallier la petite famille philosophique et tenir éveillés son
zèle et son activité. C'est ce qu'avaient tenté de faire plusieurs disciples, en prévision de la crise. Mais l'opposition
du directeur et la faiblesse du président de la Société positiviste firent échouer leurs efforts.

Quoi qu'il en soit, après un violent déchirement, la
fiction d'une direction religieuse s'évanouit. Rien ne saurait s'opposer desormais à la libre propagande du positivisme sous ses vraies couleurs, avec ses véritables aspirations.

Chacun peut se replacer dans les voies délaissées. Les
complications qui naissent chaque jour autour de nous,
nous indiquent que grande est la tâche que nous avons à
remplir. Nos adversaires le savent bien, et ils ne semblent
pas être bien rassurés sous la direction du chef qu'ils
cherchent à grandir. L'un d'eux, qui fut à une autre époque l'un des plus **acharnés** contre son autorité, rappelait
naguère, dans une publication périodique, en continuant
à parler au nom d'une unité mensongère, qui n'a jamais
existé, que malgré l'insuffisance de certains papes, l'E-
glise catholique n'a pas moins continué à progresser sous
leurs pontificats. Il ajoutait que le positivisme aussi aura
dans l'avenir des pontifes insuffisants, et, comme le catholicisme, ne continuera pas moins à se développer. L'insuffisance de son directeur actuel, qu'il avoue, n'aurait jamais
dû constituer, dit-il, un motif à scission. Celui-là se trompe
qui tient un semblable langage.

Je ne sais, Messieurs, si sous la religion systématique,
un homme assez insuffisant pour compromettre, ne fût-ce
qu'en dignité, la fonction suprême, pourra s'y élever, mais
j'ose affirmer que toute direction insuffisante, au début

d'une propagande difficile, qui peut donner lieu à des dangers pour les personnes, aussi bien qu'à des interprétations vicieuses, est de nature à rejeter pour longtemps le positivisme hors de ses voies.

Plusieurs disciples d'Auguste Comte peuvent croire justement aujourd'hui avoir été bien inspirés en ne pas se conformant à certains conseils, donnés il y a bientôt dix ans, en des temps que nous ne pouvons oublier. C'est en cette occasion qu'il eût été bon de se rappeler la déclaration si formelle du maître, que l'absence de chef était bien moins à redouter qu'un chef insuffisant.

Que penser maintenant de ceux qui reconnaissant et proclamant l'insuffisance du chef qu'ils se sont donné, après l'avoir discrédité, cherchent à l'imposer par de telles raisons ; que penser aussi de celui qui ne proteste pas contre de telles paroles et semble n'en pas sentir la gravité. Mais y a-t-il lieu de s'en étonner quand on l'entend, lui-même, déclarer que sa mort mettrait fin à la scission qui afflige la famille positiviste. C'est lui, donc, qui entretient la division. Nous ne demandons la mort de personne, mais il nous est permis de voir dans cet étrange aveu un pressentiment du jugement de la postérité.

Le positivisme, Messieurs, après de cruelles épreuves, qu'on eût pu éviter, je le répète, se trouve enfin dans la situation qu'il aurait dû avoir à la mort d'Auguste Comte. Rendus à notre liberté d'action, nous devons travailler activement à son développement, sans nous laisser distraire par aucune préoccupation étrangère.

Dans nos prochains entretiens, je vous dirai ce qu'il me semble devoir être fait pour en assurer la libre propagande.

**L'Amour pour principe et l'Ordre pour base ;
le Progrès pour but.**

<table><tr><td>

**Vivre pour
autrui.**

</td><td>

**Vivre au grand
jour.**

</td></tr></table>

**La soumission
est la base du perfectionnement.**

MESSIEURS,

Je vous ai dit, dans le cours de notre précédent entretien, que le positivisme est aujourd'hui dans la situation qu'il aurait dû prendre à la mort d'Auguste Comte. Il eût mieux valu, sans doute, qu'il y fût arrivé sans déchirement. Mais cela, Messieurs, vous le savez, n'a pas été possible. Vous connaissez tous les efforts que nous avons faits pour éviter une rupture. Il ne nous a pas été laissé de donner une autre issue à une crise qui durait depuis bien longtemps, sous une forme latente. Ainsi avons-nous été obligés de grouper sous une nouvelle initiative tous ceux qui, voyant les dangers de l'ancienne direction, ont jugé prudent de revenir aux traditions délaissées. Nous nous sentons désormais assez soutenus dans notre résolution par ceux des disciples qui se sont ralliés à nous, pour nous croire autorisés à persévérer dans la voie où nous nous sommes engagés. Il est bien prouvé pour moi, Messieurs, que tout observateur désintéressé trouvera, dans la diversité des natures rapprochées par l'action prépondérante d'Auguste Comte, les vrais motifs de leur éloignement actuel.

D'un côté se trouvent désormais ceux qui, tout en

croyant avoir accepté la religion de l'Humanité, ont conservé les habitudes et les préférences intellectuelles de leur milieu; d'un autre ceux qui ne voient dans la science, dont on fait un si grand étalage autour d'eux, qu'un état préparatoire, presque au même titre que la théologie et la métaphysique. Ceux-là ont hâte de sortir de cet état, pour s'élever au domaine supérieur, social et moral, qui devient le véritable champ de l'activité humaine. Pour qu'il ne puisse exister aucun doute à cet égard dans la pensée de personne, je vous citerai, Messieurs, quelques extraits de diverses lettres, qui me furent adressées à ce sujet par Auguste Comte, peu de mois avant la catastrophe qui allait priver le positivisme de son chef. Mais vu leur importance et pour ne pas rompre le fil de cette exposition, vous me permettrez d'en renvoyer la lecture à un autre entretien.

Après vous avoir exposé le triste tableau de notre état intérieur, il me reste à apprécier le milieu où le positivisme cherche à prendre racine, à vous montrer quelles modifications il comporte et par quels moyens on peut le façonner aux exigences de la situation.

On ne saurait méconnaître, Messieurs, que le spectacle que présente en ce moment notre France, ne s'étende également à l'ensemble de l'Occident. Pour tout observateur attentif, il est surtout caractérisé par une absence complète de direction, qui n'est elle-même que la conséquence de l'épuisement de la vieille foi, au nom de laquelle toutes les autorités, toutes les institutions, furent jusqu'à ce jour consacrées. Cette absence de direction, après avoir troublé les pensées, altère aujourd'hui à la fois les sentiments et les habitudes. Elle est naturellement plus prononcée en France que partout ailleurs, en raison du rôle assigné à notre pays par la marche même de l'évolution humaine. Mais si l'émancipation y a été plus précoce, c'est aussi de lui, sans qu'il y ait rien de fortuit à cela, que devait émaner la doctrine régénératrice. Cette doctrine, disons-le, est d'une application immédiate, et c'est à elle que nos hommes d'Etat auront à demander désormais les indications auxquelles devra se conformer leur politique. Le vieil empirisme gouvernemental est devenu bien insuffisant et ne peut nous montrer les nouvelles voies. Depuis la fin du siècle dernier, qu'on le sache bien, les événements sociaux se sont élevés à une telle complexité que de la science seule, s'étendant enfin, malgré les oppositions officielles, au domaine social et moral, peut sortir une nouvelle direction, une nouvelle politique. Les aspirations communes, naturellement trop vagues encore, ne sauraient, en aucune façon, la suppléer.

C'est dans cette conviction, Messieurs, qu'Auguste Comte crut devoir s'adresser à ceux à qui il supposait une participation quelconque au gouvernement de leur pays. C'est dans cet esprit que fut écrit son *Appel aux conservateurs*, qui, disons-le, a été à peine lu, et qui cependant aurait dû devenir le *vade mecum* de nos gouvernants.

Entre les deux partis anarchique et rétrograde, qui se trouvent en présence depuis très longtemps, Auguste Comte plaçait un parti conservateur. C'est à ce parti, également affranchi de tous préjugés démocratiques et réactionnaires, qu'il supposait échue la direction gouvernementale.

Aussi est-ce à lui qu'il fait appel, en lui signalant tout ce qui, dans sa doctrine, lui paraissait d'une application directe. Ce parti conservateur, avec l'indépendance que lui supposait Auguste Comte, a pu exister, sans doute, à une autre époque; mais il est triste de le dire, il n'a, de nos jours, jamais donné signe de vie. Cependant, la conduite qu'on pouvait attendre de lui à l'égard des deux partis en opposition, étant toujours celle qui convient à des hommes vraiment gouvernementaux, il est bon de rester au point de vue où se plaçait Auguste Comte.

Ne pouvant que se neutraliser l'un l'autre, les deux partis, révolutionnaire et rétrograde, ne doivent à aucun titre aspirer au pouvoir. L'un compromettrait inévitablement l'ordre et l'autre ne respecterait pas suffisamment la liberté. Ce n'est donc qu'en changeant de terrain, que ceux qui, dans l'un ou l'autre camp, sont susceptibles d'être ralliés, pourront s'entendre un jour. En leur fournissant un terrain neutre, le positivisme avait mission de préparer leur rapprochement ultérieur. Mais pour arriver à un tel résultat, une libre discussion devient préalablement indispensable. D'elle seule peut, en effet, sortir la doctrine destinée à fournir des assises à un nouvel état social et à rapprocher les cœurs que divisent les dissidences de l'esprit.

Raisonnant dans l'hypothèse d'Auguste Comte, nous dirons que, complétement désintéressé, vu son affranchissement de toute croyance provisoire ou transitoire, le parti conservateur a pour devoir d'assurer cette libre discussion. Or, on doit reconnaître qu'elle ne saurait s'effectuer sans une pleine séparation entre le spirituel et le temporel, ce qui implique la suppression des trois budgets, théologique, métaphysique et scientifique.

Une semblable mesure est d'une telle importance dans la situation présente, qu'elle n'est pas seulement nécessaire pour assurer la libre discussion, mais elle est encore indispensable pour mettre fin au régime qu'on s'obstine à nous imposer, et pour substituer à un parlementarisme dissolvant une dictature vraiment républicaine.

Dégagée alors de toute responsabilité à l'égard des doctrines, l'action gouvernementale pourra dès lors se tourner exclusivement vers le maintien de l'ordre que les écarts de la liberté pourraient passagèrement compromettre.

Après la tyrannie impériale, le mot de dictature, Messieurs, peut blesser bien des oreilles, mais un peu de reflexion montrera bien vite l'innocuité d'une telle institution pour la vraie liberté, dans les conditions où elle peut être inaugurée de nos jours. Un citoyen éminent peut, en effet, l'exercer dignement, sous le contrôle de l'opinion publique, pourvu que la libre discussion ait définitivement prévalu.

Ainsi que vous pouviez le pressentir, la mesure que je vous présentais comme le complément nécessaire de la forme républicaine, c'est-à-dire la séparation du spirituel et du temporel, fixe le caractère du nouveau régime, en écartant toute compétition parlementaire. Il est un tel enchaînement dans les événements, que tout gouvernement dictatorial qui, de nos jours, surgirait parmi nous, s'il était suffisammant éclairé des vrais besoins de la situation, serait forcé, en sens inverse, dans l'intérêt même de sa propre conservation, de procéder à cette séparation du spirituel et du temporel, devenue en quelque sorte inévitable. Entre ces deux institutions : la dictature républicaine et cette séparation inévitable, il est, dis-je, une telle réciprocité, que l'une, surgissant sous une influence quelconque, doit pousser forcément à l'avènement de l'autre.

On comprendra maintenant pourquoi les partisans du parlementarisme repoussent, de nos jours, la suppression du budget des cultes, lorsque les partisans du progrès la désirent comme pouvant seule assurer la libre discussion, bien qu'elle doive aboutir à la dictature républicaine.

Le parti réactionnaire est un, il n'a qu'une doctrine ; on ne pourrait en dire autant du parti révolutionnaire. Nous avons une distinction importante à faire à son égard. Il ne faut, dit Auguste Comte, jamais confondre les vrais libéraux avec les purs égalitaires. Ceux-ci seront toujours hostiles à la dictature républicaine. Ceux-là pourront, au contraire, s'y rallier. Issus de la doctrine négative, qui consacre l'égalité, les premiers ne voient de salut que dans le règne d'une assemblée unique, à laquelle donnera naturellement accès la faveur populaire, sans distinction de capacité, ni même de moralité. Telle devrait être logiquement l'issue inévitable du régime parlementaire, sous le règne non moins inévitable du suffrage universel. Mais si une pareille échéance devenait trop menaçante, soyez convaincus que l'ordre menacé irait certainement chercher de nouveau une protection dans la force. Ceux qui disposent à un titre quelconque de la fortune publique ne craindraient pas de rechercher pour elle une nouvelle consécration dans les doctrines rétrogrades, malgré leur épuisement actuel (1).

Nous devons donc admettre, Messieurs, que s'il existait un vrai parti conservateur, affranchi de tout préjugé théologique ou métaphysique, ce parti pousserait à l'adoption des mesures qui doivent assurer la libre discussion et favoriser, par cela même, l'avènement d'une dictature républicaine. Si les égalitaires doivent être hostiles à la dictature, les libéraux, au contraire, rassurés par la suppression de tous les obstacles à la liberté d'expression, comprendront qu'ils doivent donner à l'ordre des garanties sérieuses.

Je suis heureux de rappeler en cette occasion, qu'à la fin de ses jours, notre grand concitoyen Barbès, à l'instigation d'Auguste Comte, s'était rallié à la dictature républicaine. Un pareil cœur ne pouvait voir, dans l'avènement de la République, qu'un moyen d'arriver, par la liberté, à la réalisation de ses nobles aspirations. La dictature lui apparaissait donc comme une garantie offerte à l'ordre, et sans laquelle le progrès ne pouvait être qu'un vain mot.

------

(1) Nous avons pris le mot de libéral dans l'acception qu'il avait à une autre époque, et que lui donnait Auguste Comte. Ce n'est pas évidemment un repu de la monarchie de Juillet, ni même un opportuniste contemporain que nous avons voulu désigner.

Ce n'est pas sans raison, vous le comprenez, Messieurs, que j'ai tant insisté pour montrer la connexité de l'avènement de la dictature républicaine et l'adoption des grandes mesures que nous ne cesserons de recommander pour assurer la libre discussion.

En l'invoquant, le positivisme reste fidèle à ses principes, mais il connaît trop la nature humaine pour espérer y trouver un moyen direct de rallier les esprits à ses dogmes. Ne nous faisons aucune illusion à cet égard ; ce n'est qu'indirectement qu'un tel résultat peut être obtenu.

Messieurs, la libre discussion, avant que des doctrines organiques aient prévalu, aura sans doute pour effet de montrer l'inanité des doctrines révolutionnaires ou rétrogrades, qui aspirent encore à la direction sociale ; mais, il faut s'attendre aussi à ce qu'elle accroisse passagèrement l'anarchie mentale et qu'elle menace plus directement la discipline domestique et sociale. Un pareil résultat aura pour effet immédiat de mieux faire apparaître la vraie nature du mal qui travaille notre vieux monde. Voilà comment il rendra vraiment fructueuse la propagande des seules doctrines qui puissent braver les sophismes révolutionnaires.

En vous parlant dernièrement de la *ligue religieuse*, je vous disais, que les événements ont leur logique. Une ligue religieuse où le positivisme figurerait avec les diverses croyances théologiques, est chose qui de prime abord paraît bien étrange. Mais ce ne serait pas la première fois qu'on verrait des oppositions d'idées et de doctrines céder à certaines convenances sociales. La libre discusion, que nous demandons à grand cri, doit fatalement aboutir à la ligue religieuse. Ce que des esprits peu philosophiques ont considéré comme une chimère, comme une monstruosité, sortira de la mesure même que réclament, au nom de la liberté, les plus anarchiques révolutionnaire

C'est donc une chose bien importante que cette séparation, si ardemment désirée de nos jours, entre le spirituel
et le temporel, que nous la voyons produire des résultats
si variés, et en apparence si opposés. Elle assure la manifestation de la libre pensée, elle favorise l'avènement de
la dictature républicaine, et suscite, contre toutes les
prévisions, une ligue religieuse, où toutes les doctrines
formulées peuvent se donner la main.

Que vous disais-je dernièrement, que toutes les *fois*
théologiques aux prises avec l'esprit moderne se verraient
bientôt forcées de déserter le terrain du dogme, pour se
réfugier sur celui de la morale, et que dès lors le positivisme se trouverait invoqué par elles pour défendre et
affermir des principes de conduite dont la consécration
est seule d'essence surnaturelle.

Voyons, Messieurs, ce qu'il y a de fondé dans cette es-
pérance. Nous ne pouvons faire autrement que de vous
dire quelques mots de la célèbre Compagnie de Jésus.

C'est un sujet qui intéresse tout le monde aujourd'hui.
C'est cette Compagnie, qui d'ailleurs, dirige la résistance
catholique, et il n'est pas nécessaire de voir de bien loin
pour comprendre, ainsi que je vous le disais, que la suppression du budget des cultes doit assurer sa prépondérance inévitable sur tout le clergé régulier et séculier
même, que les nécessités de la résistance condamnent à
fusionner avec elle. Car, sauf certains dissidents que
leur nature rend irralliables, permettez-moi le mot, vous
verrez avant peu, par le fait de la mesure réclamée, tous les
prêtres ou religieux catholiques se ranger sous la direction du général de l'ordre, substitué de la sorte au pape
lui-même. Il semblait donc que les jésuites devaient avoir
tout intérêt à demander la suppression du budget clérical.

En prenant elle-même une telle initiative, ainsi que le
lui conseillait Auguste Comte, la Compagnie de Jésus, qui

défend bien mal en ce moment les intérêts catholiques, couvrait sa dignité, par cela même qu'elle revendiquait la liberté au nom de tous. Ne l'ayant pas fait lorsqu'il en était temps, elle est ménacée de subir aujourd'hui ce qu'à une autre époque il eût été si digne pour elle de demander. Elle a préféré recourir à d'autres moyens pour assurer sa puissance.

Lorsqu'ils ont fait proclamer l'infaillibilité papale, les jésuites ont agi sans doute bien habilement au point de vue de la prépondérance de leur Compagnie, puisqu'ils sont arrivés à l'extinction des églises nationales et qu'ils ont réuni sous une même direction les affaires catholiques. Mais ils n'ont pas compris, ou voulu comprendre, que la mesure, pour être complète, réclamait la suppression du budget des cultes, en d'autres termes, l'abolition de tous les Concordats. En s'y refusant, ils s'exposaient à ce qu'on leur rappelât que le dogme qu'ils faisaient proclamer était par le fait la dénonciation de ces Concordats, et qu'ils autorisaient dès lors leurs adversaires à leur arracher ce qu'ils n'ont su, ni voulu concéder. Il est vrai que l'abandon du budget des cultes ruinait du même coup la discipline épiscopale, et qu'il était de leur intérêt de la conserver pour contenir le clergé inférieur, dont le recrutement est si difficile aujourd'hui et la provenance si douteuse. Tant est désormais précaire, dans une société sceptique, l'existence de ceux qui, pour continuer à vivre, ne peuvent recourir qu'à des procédés matériels.

La célèbre Compagnie, qui fait tant parler d'elle aujourd'hui, préside depuis le milieu du seizième siècle aux destinées catholiques. Elle eut pour fondateur une de ces grandes natures, aussi élevées par le cœur que par le caractère, un véritable saint. Comme son émule du treizième siècle, il rêvait, lui aussi, la régénération du monde par un solennel appel à l'amour et à la soumission, dont il se chargeait à sa manière, de montrer les avantages. Mais, mieux renseigné que le franciscain sur la nature du mal, il put justement croire que les efforts de son prédécesseur avaient été trop dispersifs et qu'il fallait les combiner sous une impulsion unique.

L'institution jésuitique, au temps où elle apparaissait, était surtout destinée à suppléer la papauté, devenue en quelque sorte vacante, depuis sa transformation temporelle au retour d'Avignon. Écoutons Auguste Comte : « Le noble enthousiaste qui la fonda, (la Compagnie de Jésus), (A. C. *Pol, pos.*, t. III, p. 553), s'annonçant, à la fois, comme le défenseur du catholicisme et l'adorateur de la Vierge, mérite d'être érigé sociologiquement en digne continuateur de la réforme du treizième siècle, dont il voulut réparer l'avortement. Vivement indigné de la dégradation que le pouvoir spirituel avait partout subie, sous diverses formes, depuis la fin du moyen âge, il tenta d'arrêter la dissolution religieuse en reconstruisant la catholicité d'après le culte de la déesse occidentale. Attribuant l'impuissance de la réforme franciscaine à ce que les efforts y furent trop dispersés et trop subalternes, il institua son ordre afin d'y réunir la prédication à la confession et le dégagea du chef nominal de l'Église pour le mieux subordonner au chef réel. Il s'efforça de lui faire partout transférer le vrai sacerdoce, en lui procurant la direction générale d'une éducation adaptée aux vœux de l'époque, et la surintendance des missions extérieures que l'universelle expansion de l'occident semblait alors motiver. »

Telle est, en peu de mots, l'histoire de la fondation de Loyola.

Son œuvre eut pour résultat immédiat d'arrêter la marche envahissante du protestantisme, et de préserver l'Humanité du temps d'arrêt qui eut résulté d'une solution à tous égards insuffisante. Mais le grand novateur pouvait déjà en mourant constater l'avortement de son œuvre. La puissante Compagnie qu'il constitua, détournée de sa mission première, devint bientôt, dans les mains de ses successeurs, un instrument redoutable de rétrogradation et souvent d'oppression. Cependant, ce n'est pas à elle seule, disons-le, si l'on veut être juste, qu'il faut laisser la responsabilité des terribles répressions qui se firent avec son concours ; les pouvoirs temporels, en abdiquant entre ses mains l'autorité qui leur était conférée, furent souvent plus coupables qu'elle.

C'est aux jésuites régénérés, c'est-à-dire aux Ignaciens, revenus aux aspirations de leur saint fondateur, que devait s'adresser l'appel projeté par Auguste Comte. Le grand novateur moderne pouvait, en effet, raisonner dans l'hypothèse des jésuites, sinon convaincus par sa théorie historique de l'inutilité de leur politique occulte pour reconstituer le catholicisme, mais tout au moins persuadés de l'insuffisance de leurs efforts pour relever la foi dans un milieu sceptique, où la science moderne infirme d'avance toute explication surnaturelle.

Dans ces dispositions d'esprit, qui, nous osons le dire, sont celles de la plupart des prêtres intelligents, n'était-il pas permis de supposer que les adorateurs de Marie, laissant provisoirement de côté les questions de dogme, pour donner toute leur attention au flot grossissant qui menace de tout submerger, se décideraient, à l'exemple de leur grand fondateur, à faire, après avoir renoncé à toute protection officielle, un solennel appel à l'amour universel, si dignement idéalisé dans le culte de la Vierge des croisés, devenue, depuis le douzième siècle, suivant l'expression d'Auguste Comte, la déesse des occidentaux. Dans ces conditions ils pouvaient certainement retenir dans le giron de l'Eglise les âmes encore préservées de la contagion révolutionnaire.

Alors, avons-nous dit, par la suppression du budget des cultes, se constituait une ligue entre tous les fidèles dont les croyances sont menacées. C'est une protestation de ce qu'il y a de tendre et de respectable dans la nature humaine, qui s'organisait sous la présidence inavouée, mais réelle, du positivisme. La doctrine de l'Humanité, venant enfin consacrer les saines traditions du passé, pouvait montrer que la vieille discipline, qui a soutenu jusqu'à ce jour la moralité humaine, a son fondement dans notre propre nature, qu'on ne peut impunément violenter.

Mais la célèbre Compagnie, comptant sur un avenir qui ne lui appartient plus, a préféré, pour arracher à la marche des temps quelques années d'une existence tourmentée, recourir à la coalition des intérêts. Elle a associé à son sort tous ceux qui, disposant à un titre quelconque de la fortune publique, veulent rester en possession de leurs richesses, sans en accepter les devoirs. A un solennel appel à l'amour, elle a préféré un vaste système d'hypocrisie, plus funeste à la moralité publique que les sophismes mêmes qu'elle combat.

Néanmoins, Messieurs, soit dit en passant, nous ne saurions approuver les mesures d'exclusion remises en vigueur contre le jésuitisme. Les jésuites, nous l'avons dit et il ne faut se faire aucune illusion à cet égard, par la marche même de la révolution, restent les uniques directeurs des consciences catholiques. Tout le clergé séculier leur obéit ou subit leur ascendant. Le ralliement a été complet au moment de la lutte. Les chasser de France ou seulement amoindrir leur liberté d'action serait non seulement une atteinte portée au régime républicain, mais ce serait éveiller contre soi de justes susceptibilités. Il suffit, pour écarter tous les dangers que l'imprévoyance de nos gouvernants a fait naître, de les ranger, avec tout le clergé séculier ou régulier, sous l'empire de la loi commune. Si la Convention nationale dut recourir à la force contre l'ancien clergé français, c'est qu'il complotait avec les ennemis de la République. Lorsque la défense nationale fut accomplie, elle devint tolérante envers lui. C'est le cas de rappeler le mot d'un grand conventionnel : on ne détruit que ce qu'on remplace.

Messieurs, je le répète, s'il existait parmi nous un parti conservateur, comme pouvait l'espérer Auguste Comte, c'est à ce parti que nous nous adresserions et que nous demanderions les grandes mesures destinées, dans notre pensée, à préparer la diffusion de la seule doctrine qui puisse concilier l'ordre et le progrès. Ce parti, il faut le constituer, et c'est la mesure même qu'il eût fallu, s'il existait, attendre de son initiative, qui doit, en sens inverse, préparer son avènement. Réduits encore à assister à la lutte des partis, sans pouvoir les modifier, nous devons attendre que l'opinion publique, dont nous connaissons les tendances actuelles, ait imposé ce qu'un gouvernement sage eût déjà concédé depuis longtemps. L'homme qui rêve en ce moment une église nationale, sans avoir, pour motiver son désir, les naïves espérances de ceux dont il propage les errements, montre par cela même qu'il n'a pas suffisamment réfléchi sur la marche d'une société qu'il aspire cependant à diriger. Le désarroi seul du parti républicain a pu faire la fortune d'un chef aussi dépourvu de vraie portée politique.

Quoi qu'il en soit, plaçons-nous, par la pensée, en face de la situation que va créer une pleine séparation entre le spirituel et le temporel. Il n'est pas nécessaire d'être prophète pour prévoir qu'une dictature républicaine en sortira avant peu, et que les fois théologiques, exposées au débordement des sophismes révolutionnaires, déserteront le domaine du dogme pour défendre celui de la morale. Alors, nous le répétons, une ligue religieuse se constituera sous la présidence du positivisme, qui pourra seul rallier ces diverses fois, en donnant une consécration scientifique à ce qu'aucune consécration surnaturelle ne peut désormais préserver du discrédit.

Il faut que, dès à présent, en prévision de la nouvelle situation que vont lui créer les deux institutions solidaires, la dictature républicaine et la libre discussion, le positivisme s'efforce de fixer sa ligne de conduite vis-à-vis des partis qui, faute de direction, vont se trouver livrés à leurs propres inspirations. Tel sera, Messieurs, le sujet de notre prochain entretien.

Messieurs,

Je poursuis notre entretien de dimanche dernier en continuant l'appréciation des partis qui se trouvent en présence et que nous avons mission de modifier.

Si la nouvelle dictature républicaine sait faire respecter l'ordre matériel, la libre discussion aura bien vite montré l'inanité des sophismes égalitaires, tandis qu'une théorie rationnelle de la propriété préparera le rapprochement des entrepreneurs et des travailleurs, en leur rappelant leurs devoirs et leurs mutuelles obligations. Les égalitaires sont plus à redouter de loin que de près. C'est à leur égard qu'on peut rappeler la fable des bâtons flottants.

Les libéraux n'auront aucune peine à se rallier à la dictature républicaine qui, mieux que le parlementarisme bourgeois ou égalitaire, peut répondre à leurs aspirations vers un progrès encore mal défini. Les meilleurs d'entre eux, sous la pression croissante du positivisme, rejetant en seconde ligne les préoccupations politiques, comprendront alors que le vrai progrès, toujours inséparable de l'ordre, est essentiellement moral. Convaincre, en effet, chacun, des devoirs qu'il a à remplir, n'est-ce point préparer la solution des grands problèmes sociaux et moraux légués par nos prédécesseurs. Les dispositions, souvent très chevaleresques, constatées chez quelques-uns de nos grands révolutionnaires, ne peuvent que disposer leurs meilleurs successeurs à comprendre que le sort de la femme est lié à la reconnaissance de ces devoirs. La religion de l'Humanité faisant de celle-ci une auxiliaire saura bientôt les convaincre que le bonheur collectif, autant que le bonheur privé, trouve sa principale garantie dans une entière communauté d'opinion entre les membres d'une même famille. Un pareil résultat ne sera atteint que lorsqu'une foi démontrable aura rallié les éléments aujourd'hui divisés de la famille humaine.

Mais c'est surtout vis-à-vis du parti catholique qu'il importe, Messieurs, de savoir quelle attitude doit prendre le positivisme. C'est ici qu'il faut savoir distinguer entre les directeurs et les ouailles.

Le dogme de l'infaillibilité papale, avons-nous dit, en faisant disparaître toutes les églises nationales, a livré au jésuitisme la direction catholique. Avec le dogme non moins spécieux de l'immaculée conception, il a trouvé le chemin des cœurs féminins. On ne saurait jusqu'ici blâmer ceux qui, dans l'imminence du danger dont sont menacées les plus respectables traditions, cherchent à concentrer leurs forces et font appel aux nobles aspirations du cœur contre les travers de l'esprit. Tout est jusque-là parfaitement légitime. Mais ce que la moralité humaine réprouvera toujours, c'est d'opposer au mal un mal plus grand, c'est d'opposer aux dissolvants révolutionnaires, un vaste système d'hypocrisie, qui dégrade et énerve l'individu. En faisant appel aux intérêts menacés, le jésuitisme a pu rallier une notable partie de la bourgeoisie française. Les voltairiens de 1830 et de 1848 sont aujourd'hui leurs plus fidèles adhérents, et le paysannat enrichi,

qui forme en grande partie la classe des riches, conspue
la révolution d'où il est sorti. On frémit, Messieurs, en
songeant à l'avenir d'une société que travaillent à la fois
les sophismes démagogiques et l'hypocrisie jésuitique.

Voilà l'état des directeurs, voyons quel est celui des
ouailles.

Reconnaissons-le, Messieurs, à quelque rang de notre
société en délire qu'elles appartiennent, les femmes n'ont
jamais montré de bien vives sympathies démocratiques.
Même parmi celles qui souffrent le plus de la lutte de la
vie, le cœur est resté catholique. Croyez-le, aussi bien
que nous, elles seraient capables de faire bon marché des
dogmes théologiques ; un instant de réflexion suffirait
pour les infirmer dans leur esprit, comme dans le nôtre ;
mais chez elles le cœur a des exigences qui arrêtent les
demandes de l'esprit. Elles connaissent le prix de la règle
et les avantages de la soumission. C'est elles qui relèvent
encore le niveau moral d'une société en défaillance. A
qui doivent-elles, demandons-nous-le, d'avoir conservé
ces précieux avantages ? C'est, malgré l'insuffisance de leurs
directeurs, à l'éducation catholique de leurs premières
années. Elles en seront éternellement reconnaissantes
envers le catholicisme, n'en doutez pas. La femme, qu'on
le sache bien, n'est pas à la révolution, elle est encore
tout entière à ce catholicisme conspué par les hommes,
c'est pour elle une affaire de sentiment, et, soit dit à sa
louange, elle n'a jamais transigé avec le sentiment.

Il n'est point douteux que la suppression du budget des
cultes, en laissant aux fidèles l'entretien de leurs clergés
respectifs, ne suscite d'abord de leur part un redouble-
ment de zèle, une plus grande ferveur. Mais les grandes
difficultés ne tarderont pas à surgir. Entre la libre pensée
et les anciens dogmes, la lutte sera implacable. L'insuffisance du clergé catholique, qui a déjà tant de peine à se
recruter en sujets distingués, se manifestera de plus

en plus, même aux yeux du sexe qui en est le plus ferme soutien. Je vous ai dit déjà plusieurs fois, Messieurs, que, forcé d'abandonner le domaine théologique, il se réfugiera sur celui de la morale. Son action finira même par se borner à protester contre ce qu'il ne pourra empêcher. Alors l'assistance du positivisme, pour fournir une consécration définitive à des pratiques séculaires et tutélaires, ne sera pas seulement acceptée, mais, ainsi que nos contacts journaliers nous le font déjà pressentir, elle sera recherchée. Est-il déplacé d'espérer que, dans les nouvelles conditions qui vont être faites au catholicisme, lorsque les puérilités de son dogme auront compromis, même auprès de la femme, tout ce qu'on voudrait défendre, les grandes âmes féminines, celles qui joignent à l'activité du cœur l'élévation de l'esprit, iront plus loin encore que d'invoquer notre concours. Il n'est rien qui puisse empêcher de le croire. Lorsque le catholicisme sera privé de ses appuis officiels, lorsqu'il sera réduit à ses seules forces contre la révolution qui l'enserre de toutes parts, les grandes âmes féminines, soyez en convaincus, seront à nous, et cela sans se parjurer, sans même rompre avec la tradition, car elles n'ont point d'idoles à briser, puisque, disons-le hautement, nous sommes les continuateurs des vrais catholiques, puisque nous sommes dans les grandes aspirations du douzième et du treizième siècle. Les vrais catholiques, aujourd'hui, c'est nous. Il est bien facile d'en donner la preuve.

Messieurs, ce n'est pas par sa doctrine que le catholicisme pouvait aspirer à l'universalité. C'est par sa profonde, quoique empirique connaissance de la nature humaine ; c'est par les règles de conduite d'un usage général, qu'il a établies d'après cette connaissance et au moyen desquelles il a institué cette discipline, inconnue avant lui, et dont les femmes apprécient si bien les salutaires effets. Le catholicisme est tout entier dans le dogme de

saint Paul, qui en est, on ne le conteste plus, le vrai fondateur; il est tout entier dans la grande conception de la
nature opposée à la grâce. L'homme, dit le novateur chrétien, n'est rien sans une assistance extérieure. Aussi fut-
il réduit à refuser à la nature humaine la grâce, c'est-à-
dire les dispositions sympathiques qui portent au bien.
Il les faisait nécessairement venir d'en haut, comme résultat spécial d'une faveur que la prière pouvait hâter sans
pouvoir toujours la donner (1).

Le positivisme s'est placé, lui aussi, sur le terrain de la
grâce. Il n'est point condamné, il est vrai, à refuser à la
nature humaine les dispositions bienveillantes, que nous
trouvons dans les animaux mêmes, mais ces dispositions,
si précieuses au bonheur, sont souvent contenues dans
leurs manifestations, par nos instincts égoïstes, plus énergiques, plus nombreux qu'elles, et d'ailleurs presque toujours tenus éveillés par les actes organiques qui s'accom-

---

(1) C'est d'après saint Paul que les trois évangiles synoptiques parlent
de la cène. Il n'en est pas question dans l'évangile du pseudo-saint Jean.
On sait que ce dernier évangile n'a été connu que vers le milieu du second
siècle, et qu'il fut pendant longtemps considéré comme apocryphe par
l'église elle-même.

Voici le passage de la première épitre aux Corinthiens, où saint Paul
parle de la cène :

« Car c'est du Seigneur *même* que j'ai appris ce que je vous ai aussi
enseigné, qui est, que le Seigneur Jésus, la nuit même qu'il devait être
livré, prit du pain, et, ayant rendu grâces, le rompit et dit à ses disciples :
« Prenez et mangez, ceci est mon corps qui sera livré pour vous, etc. »

Je tiens ces paroles du Seigneur même, dit le saint.

Qui ne voit dans ces paroles si formelles le résultat d'une hallucination,
aussi complète que celle de Damas, que celle du ravissement. L'auteur de
la théorie de la grâce fait consister la rédemption dans l'immolation de
chaque fidèle sur cette croix, qui, pour les judéo-chrétiens de Jérusalem,
était encore le signe d'un supplice infamant, qu'il ne fallait pas avouer.
C'est le sauveur qui s'offre en sacrifice, comme l'agneau sans tache qu'on
mangeait à Pâques. En mangeant la chair de cette nouvelle victime, en
buvant son sang, on participait de sa nature, on s'identifiait à lui, on se
préparait à recevoir sa grâce.

Qui ne voit ici la filiation des idées entre la nouvelle institution et
la théorie de l'opposition de la nature à la grâce. Tout le catholicisme est
dans cette institution et dans ce dogme. Saint Paul en est donc le seul et
vrai fondateur.

plissent sous leur stimulation spéciale. Il faut, pour permettre la manifestation de ces dispositions sympathiques, triompher de ces énergiques instincts, il faut les subordonner à ces précieuses dispositions. Dans cette lutte, l'assistance du dehors devient nécessaire. La vie ne peut être qu'un acte de reconnaissance et d'amour; de reconnaissance envers nos prédécesseurs, d'amour envers nos contemporains et ceux qui viendront après nous. La reconnaissance, en invoquant le passé, dispose naturellement à l'amour. Aussi, comme pour le dévot chrétien, la prière devient-elle encore l'obligation éternelle de la vie. Ainsi que l'ont pressenti les dignes mystiques, qui savaient s'élever au-dessus des demandes intéressées, c'est, suivant l'expression du maître, une élévation de l'âme vers tout ce qui est digne d'être aimé. C'est vers l'Humanité, source de tout bien, de tout amour, qu'il faut que notre pensée soit éternellement dirigée; c'est elle qui devient de la sorte la source de la grâce.

Sous l'aspect dynamique, la filiation des deux régimes n'est pas moins manifeste que sous le rapport statique. La doctrine de la grâce se résume tout entière dans le mystère eucharistique. Ce simple rapprochement suffit pour montrer leur commune origine. Qui peut douter aujourd'hui, que c'est à saint Paul lui-même qu'il faut faire remonter ces deux institutions. Mais l'omnipotence divine, inhérente à tout monothéisme, devait, ainsi que le fait observer Auguste Comte, altérer le caractère du médiateur institué par saint Paul, par le fait de sa participation à la toute-puissance. Aussi, en faisant prévaloir l'adoration féminine, le grand saint, qui remplit de son nom le principal siècle des croisades, céda-t-il, sous l'impulsion chevaleresque, à un besoin alors commun à tout l'Occident. La vierge des croisés, qui est tout amour, mais qui n'est pas toute-puissante, devint la véritable médiatrice. A ces divers titres, elle était plus apte que le médiateur divin à préparer la conception finale de l'Humanité.

Cependant, le progrès qui s'accomplit ainsi dans la constitution catholique, resta effacé tant que le médiateur incarné et la médiatrice maternelle se partagèrent le cœur des occidentaux. Les deux attributs de tendresse et de pureté qui placent la vierge du douzième siècle au-dessus des humaines misères, qui en font la mère des miséricordes, la source de toute piété, ne la laissent pas moins étrangère à la grâce, dont l'origine reste toujours en Dieu.

La conception finale d'Auguste Comte fait disparaître toute équivoque à cet égard. Sa vierge immaculée, où la tendresse et la pureté viennent également se condenser, rappelle l'éternel problème de la vie. En elle, la nature est vaincue et la grâce triomphe. Résumé de tous les progrès accomplis, elle devient la meilleure personnification de l'Humanité. Dans cette suave conception du grand novateur moderne, celles de saint Paul et de saint Bernard se mêlent, pour ainsi dire. Qui ne voit, désormais, dans leur progression, la marche d'un grand mouvement, dont elles constituent les trois termes. Elles forment, en quelque sorte, les trois étapes du catholicisme universel, dont le positivisme est l'épanouissement. C'est donc à juste titre, Messieurs, que nous pouvons nous croire dans la filiation catholique, que nous pouvons nous considérer comme les continuateurs de cette grande œuvre, la plus puissante de toutes celles qu'ait jusqu'à ce jour conçues le génie sacerdotal. Elle constituera toujours, pour le philosophe, une noble préparation au régime final de l'Humanité.

Je ne dois pas regretter, Messieurs, d'être entré dans tous ces développements, puisqu'il s'agit de fixer notre attitude vis-à-vis des parties que nous aurons à modifier. Nous pouvons rallier, certainement, de puissantes personnalités, toutes les grandes natures, pour qui la notion du progrès est restée comme une généreuse aspiration vers l'avenir. Mais c'est vers le milieu féminin qu'il faut surtout diriger notre propagande. Le jésuitisme aux abois devant la révolution, ne saurait offrir aucun secours sérieux au cœur féminin, que les sophismes contemporains finiraient par altérer. Nous pouvons donc, sans présomption, prétendre à rallier toutes les belles âmes, surtout celles chez qui, comme nous l'avons dit, l'activité du cœur égale l'élévation de l'esprit. Nous ne pouvons nous refuser à croire qu'elles hésitent à concourir avec nous à arracher leur sexe aux deux fléaux qui le dégradent et menacent ses destinées. La misère et la prostitution l'enlacent de toutes parts; c'est par une rénovation radicale de notre vieux monde que nous pouvons les conjurer. Elles ne sauraient rester le triste apanage de notre espèce.

Je viens de vous montrer, Messieurs, quelle attitude doit avoir désormais le positivisme à l'égard des partis qui se trouvent en présence. En écartant ceux qui repoussent toute discipline sociale, c'est-à-dire les insociables égalitaires, il faut réserver toutes nos sollicitudes pour ceux qui, dans un intérêt social, se montrent disposés à accepter une discipline; pour ceux qui proclament la nécessité d'une religion, catholiques, protestants, israélistes, musulmans mêmes.

Cette distinction nous oblige, sans doute, à varier notre action, mais elle ne doit pas moins avoir le même but.

Chez les révolutionnaires susceptibles d'être ralliés, les libéraux, veux-je dire, nous aurons certainement de puissants auxiliaires politiques. Il importe de les avoir au plus tôt avec nous. C'est parmi eux que nous trouverons les éléments de ce parti conservateur vainement cherché par Auguste Comte.

Avec le concours de mon éminent confrère, M. le docteur Sémérie, j'ai projeté de reconstituer la Société positiviste, telle que l'avait fondée Auguste Comte en 1848. Vous savez ce qu'il en attendait ; elle était destinée à exercer, vis-à-vis de l'opinion, un office analogue à celui que remplit la Société des Jacobins : éclairer l'opinion, indiquer ce qui doit être fait dans une situation donnée, préparer même des hommes d'Etat, prêts à prendre la succession de ceux qui sont condamnés d'avance à errer à l'aventure par l'absence de vues et de plans arrêtés. Il suffirait de jeter les yeux sur les diverses productions de l'ancienne Société positiviste, avant sa dégénérescence, pour comprendre tout ce qu'on peut attendre de la nouvelle sous une direction ferme et éclairée. Ainsi que l'a déclaré, à l'agent de l'autorité chargé de s'enquérir de ses actes, celui qui s'est substitué au président désigné par Auguste Comte, ce n'est plus qu'une Société fraternelle, et suivant la formule employée par lui pour procéder à un acte arbitraire et violent, c'est l'élément d'action de la direction spirituelle, s'il convient de qualifier de la sorte le gouvernement de P. Laffitte.

Une semblable absorption a eu pour résultat, ainsi qu'il a été dit, de substituer une ridicule pédantocratie à la politique conception d'Auguste Comte. C'est autant pour réagir contre un état si déplorable et si funeste à la moralité de tous, que pour prendre la haute direction dans un milieu livré aux sophismes et aux compétitions démagogiques, qu'il convient aujourd'hui de reconstituer la vieille Société sur ses anciennes bases.

La présidence en revient naturellement à l'homme dont vous connaissez toute la haute valeur intellectuelle et morale, et le constant dévoûment au positivisme. En mettant son nom, si connu de tous, au service d'une grande cause, je ne doute pas qu'il n'ait bientôt relevé une institution qui n'est certes pas épuisée, et dont on peut attendre encore d'éminents services. Sous sa direction, j'espère que nous aurons bientôt constitué, ainsi qu'il l'a déjà tenté en des temps difficiles, l'alliance des grandes villes, si nécessaire de nos jours pour réagir contre les effets, trop dispersifs, du suffrage populaire.

Mais ce n'est pas à reconstituer seulement la Société positiviste que doit consister notre action intérieure.Pour se préparer à l'action, il est bon de pouvoir se recueillir, il est bon de se rapprocher, de se rappeler qu'il faut des sentiments pour faire des résolutions et des actes. Personne n'est dispensé de travailler à son amélioration. C'est dans le culte intime que chacun doit chercher les forces dont il aura besoin dans la lutte de la vie, tant individuelle que collective. Il n'est personne qui n'ait une mère, une épouse, une fille dont il ne puisse invoquer le souvenir, autour desquelles il ne puisse grouper d'autres personnalités ou d'autres images chéries. Ce sont nos bons anges, nos soutiens; la vie n'est rien sans eux.

Toutes nos journées doivent s'ouvrir ou se clore dans une conversation plus ou moins longue avec ces êtres si chers, soit pour prendre, au commencement de chacune, de salutaires résolutions, soit pour juger à la fin, à quel point on s'y est conformé. Ceux qui se soumettront à ce régime, qui est celui de toute la vie, sentiront bien vite qu'il réclame un complément. Ce complément, on le trouvera dans le culte public où s'accomplit, dans une effusion commune, l'échange des sentiments et des pensées. Chacun s'y sentira dégagé des préoccupations habituelles de la vie, et se trouvera naturellement mieux disposé à comprendre les devoirs d'une existence consacrée au service d'autrui.

De longtemps peut-être, Messieurs, notre culte public n'aura l'épanouissement que réclame sa pleine efficacité ; mais rien ne s'oppose à ce que nous l'inaugurions, ne serait-ce qu'en nous réunissant régulièrement pour nous rappeler que nous avons des devoirs à remplir, pour nous rapprocher par la pensée d'abord de nos coreligionnaires ; de nos prédécesseurs les plus immédiats, c'est-à-dire les catholiques ; des monothéistes occidentaux ou orientaux, chrétiens, israélites ou musulmans; ensuite, de nos prédécesseurs plus éloignés, les théocrates, ces polythéistes conservateurs, qui, les premiers, ont compris les avantages de la discipline, qui ont senti les précieux effets de la règle ; enfin des fétichistes, nos premiers aïeux, dont les naïves fictions ont pressenti que l'amour est le seul lien qui puisse rapprocher les êtres. C'est dans une semblable invocation qu'on se sent apte à vivre avec l'espèce tout entière, et à concourir à son émancipation,

Dégagés des préoccupations politiques propres à la situation française, nos coreligionnaires anglais ont depuis longtemps inauguré le culte public. Je n'ai pu, pour ma part, me défendre d'une profonde émotion en assistant à leurs réunions hebdomadaires. En les félicitant d'une telle initiative, je n'ai pu croire qu'elle ne convint qu'au milieu britannique, et que nous sommes réfractaires ou hostiles à toutes manifestations de cette nature. Il existe à cet égard des différences entre les deux milieux anglais et français, mais elles sont bien moins prononcées, quant au but à atteindre, qu'on ne le croit communément.

C'est sous la forme religieuse que la révolution a fait explosion en Angleterre, écrivais-je à notre éminent confrère M. Congrève; contenue, mais non vaincue, elle y a conservé ses premières allures, en les imposant aux vainqueurs eux-mêmes. En France, et surtout à Paris, la révolution a parcouru successivement toutes ses phases pour aboutir au négativisme le plus complet. Mais ce serait mal apprécier ce qui se passe parmi nous, disais-je encore, que de croire notre esprit public hostile à toute manifestation religieuse. Si la lutte, qui continue plus acharnée que jamais entre les deux partis qui sont en présence, a discrédité chez nos populations toute manifestation religieuse, bien des symptômes très touchants nous laissent espérer que les grandes aspirations de cette nature, ne sont que contenues, lorsqu'on les croit étouffées. Qu'on n'oublie pas que le grand mouvement de la fin du siècle passé fut secondé en France par un grand ébranlement esthétique. L'art s'y consacra au culte des grands sentiments, des grandes conceptions. Aujourd'hui encore, malgré tant de productions équivoques, le génie parisien ne témoigne-t-il pas que le sentiment du beau, n'est point éteint parmi nous. Ne nous est-il donc pas permis d'affirmer, d'après ce simple fait, qu'il serait facile de relever parmi nous le culte des grandes choses. Que faudrait-il pour cela, disions-nous, sinon nous rattacher à leur éternelle destination. Or, existe-t-il une doctrine plus favorable à l'essor des grands sentiments que celle qui déroule sous nos yeux la marche progressive de l'évolution humaine. Ceux qui ont assisté à nos grandes fêtes populaire, ne peuvent croire que nos populations soient réfractaires à toute idée de culte.

Le culte, c'est l'art consacré à un grand enseignement, à la culture de nos meilleurs instincts. Nous ne sommes point insensibles à ses grandes manifestations. Lorsque Auguste Comte réclamait le Panthéon pour son culte, c'était pour y inaugurer la commémoration des types les plus illustres de l'Humanité. Le temps se serait chargé de développer tout ce qu'on trouve en germe, à cet égard, dans la dernière œuvre d'un tel génie. Nous pouvons dire que dans les derniers temps de sa vie, sa pensée s'était assez souvent arrêtée sur les choses relatives à son culte, pour qu'on soit autorisé à croire qu'il songeait très sérieusement à l'inaugurer lui-même. Il avait fixé les dispositions générales du temple de l'Humanité, il en avait dresé le plan. L'autel de l'Humanité, lui-même, avait donné lieu à une conception assez précise pour être communiquée. Je vous ferai part, dans nos entretiens ultérieurs, de la communication que je reçus à ce sujet.

Messieurs, en terminant cet entretien, je ne puis me défendre d'un retour vers le passé. Le nom d'Auguste Comte a grandi ; il est aujourd'hui dans toutes les bouches ; mais il n'est encore qu'un petit nombre qui voient en lui l'homme prédestiné à une grande chose, l'homme qui vient en son temps, dont on a besoin pour franchir un pas, enfin, l'élu de l'Humanité. Nous avons vu une fondation religieuse succéder à une œuvre philosophique, et, suivant une expression désormais consacrée, Aristote et saint Paul se sont trouvés combinés dans une même personnalité.

L'œuvre philosophique s'est accomplie au milieu des plus intimes souffrances ; une énergique volonté et la conscience d'une grande mission, ont suffi pour la préserver d'un avortement. En ces conditions, l'œuvre religieuse aurait avorté. Pour la préserver d'un tel sort, il fallait une inspiration soutenue, que le cœur seul pouvait fournir. C'est qu'en effet, dans ce nouveau domaine, c'était au cœur à poser les questions que l'esprit devait résoudre. Il y avait presque autant de difficultés à les poser qu'à les résoudre. Une angélique inspiration devenait nécessaire au philosophe pour l'élever aux splendeurs d'un monde que l'esprit, laissé à lui-même, ne pouvait que pressentir. Il demande à la postérité, en récompense d'une vie de labeur et d'abnégation, que le nom de son éternelle compagne soit associé au sien. C'est sous sa touchante image qu'il aime à contempler la déesse des humains, c'est sous ses traits charmants qu'il espère qu'elle sera offerte à l'adoration de la postérité. La postérité, je ne puis en douter, souscrira à sa demande.

Dans ce vœu si légitime, nous trouvons, Messieurs, un grand enseignement que le philosophe se plaît lui-même à dégager. Quelque bien doués que nous soyons, nous ne pouvons attribuer à nos seuls efforts nos succès quelconques. Personne ne doute, sans doute, de notre dépendance à l'égard du passé, à qui nous devons, par l'action continue de la grande loi de l'hérédité, notre constitution organique elle-même et les facultés dont nous sommes parfois si fiers. Mais ces précieuses facultés, sans la culture qu'elles reçoivent des soins maternels, sans la participation de tous ceux qui, à un titre quelconque, prennent part à la direction de nos jeunes années, resteraient inertes. Plus tard, lorsque l'éducation nous a rendus aptes au service d'autrui, combien, même des mieux doués, avortent encore, si le cœur ne s'échauffe point au souffle vivifiant d'une sainte affection. Aussi, l'Humanité associe-t-elle à la gloire de ses élus tous ceux qui ont concouru à leur développement.

Lorsque après le jugement final, leurs restes sont transportés au champ sacré pour y être glorifiés, on confond dans une même reconnaissance, en les faisant participer à la communauté de sépulture, la mère, l'épouse et tous ceux qui se sont trouvés liés directement à ces exceptionnelles existences. Le serviteur fidèle n'en est point exclu. La même pierre recouvre ceux qui furent, pendant leur vie, unis dans une même mission, et la mort ne doit pas les séparer.

Messieurs, qui de vous ne s'est senti profondément ému, en visitant l'humble tombe du grand philosophe, lorsque son regard s'est arrêté sur l'inscriqtion qui borde sa pierre tumulaire: *Auguste Comte et ses trois anges.* En attendant que sa sainte compagne lui soit rendue, nous pouvons déjà confondre dans une même reconnaissance trois êtres qui furent toujours confondus dans sa pensée, qui ont concouru avec lui à une grande chose, que la postérité associera dans l'œuvre de la rédemption humaine.

Mais en élevant sur son autel sa sainte Clotilde, la postérité ne s'associera pas seulement à un acte de reconnaissance, elle obéira aussi à un intime besoin du cœur. L'adoration ne devient vraiment efficace pour la culture des sentiments, que lorsqu'elle s'adresse à un type bien déterminé, qui se rattache à des services rendus, et qui devient assez concret pour ne laisser aucune indécision dans l'esprit. C'est sous un nom bien connu que l'Humanité doit être honorée. Nous trouvons à cet égard, chez nos prédécesseurs catholiques, un enseignement qui ne doit pas être perdu pour nous.

Si le grand novateur ne peut figurer sur l'autel de l'Humanité comme type principal d'adoration, un pareil privilège ne saurait être laissé à la nature masculine, quelque illustre qu'elle soit, sa compagne, sanctifiée par lui, peut nous rappeler, sous ses traits aimés, le plus grand des services rendus à notre espèce. L'histoire possède des noms plus illustres, plus connus que celui que nous honorons, mais il n'en est point qui se rattache à un plus grand service.

Dans la chapelle consacrée aux saintes femmes, celle qui préside à leur réunion a, sans doute, de bien grands titres à notre admiration. Nulle n'a poussé peut-être aussi loin l'abnégation ; nulle n'a mieux connu l'étendue de son malheur, nulle cependant n'a été plus résignée. Pour tous les cœurs sensibles, Héloïse peut être la première des femmes ; mais la compagne d'Auguste Comte, celle qui l'a soutenu, lorsque son âme tout entière était en proie à la douleur et au désespoir, celle qu'il a jugée digne d'être associée à son œuvre, qu'il a qualifiée de collaboratrice, celle-là, sous cet illustre patronage, se recommande à la reconnaissance de tous et devient digne de l'adoration universelle.

La charmante *Canzone*, que vous connaissez tous, et que le philosophe récitait chaque matin, en ouvrant les yeux à la lumière, nous suffirait à la rigueur, à défaut du témoignage de l'auguste amant, pour nous montrer tout ce qu'il y avait de charmes, de délicatesses, d'élévation dans cette suave nature, que l'amour a sauvé de l'oubli et vengé de ses souffrances. « Comte, souviens-toi que j'ai souffert sans l'avoir mérité », tel était son dernier adieu à la vie et tel sera le commencement de son apothéose.

Messieurs, il convient que cette salle soit consacrée à notre sainte Clotilde. Son souvenir, toujours présent à notre esprit, nous rappellera le but assigné à nos efforts. Son nom, indissolublement uni à un autre nom, nous rappellera aussi que nous sommes éloignés des lieux où nous avons entendu une bouche autorisée, le sanctifier. Et c'est nous qu'on a osé qualifier de schismatiques. Ne sommes-nous pas vos fidèles et vos adorateurs, ô vous qui avez été aimée du grand philosophe, ô vous qui en avez été l'inspiratrice. Vous serez notre avocate au tribunal de la postérité, et vous direz tout ce qui nous fut infligé de souffrances, quand on a cru pouvoir briser les liens qui nous rattachaient aux lieux où vous avez été aimée, où vous avez fait renaître l'espoir et porté la consolation.

L'Amour pour principe et l'**Ordre** pour base;
le **Progrès** pour but.

<table>
<tr><td>Vivre pour
autrui.</td><td></td><td>Vivre au grand
jour.</td></tr>
</table>

La soumission
est la base du perfectionnement.

MESSIEURS,

Je vous ai promis dans un de nos précédents entretiens de vous donner connaissance de divers passages de la correspondance d'Auguste Comte ; je viens aujourd'hui accomplir ma promesse, puisque cette communication doit servir de confirmation à tout ce que je vous ai dit concernant les dernières dispositions du maître et les développements qu'il se proposait d'apporter à sa doctrine, dans les œuvres, dont une mort prématurée nous a privés. Mais avant de vous donner lecture des extraits de cette précieuse correspondance, qui vont voir le jour pour la première fois, qu'il me soit permis de vous résumer les considérations que je vous ai présentées déjà sur des sujets dont l'importance n'a pu vous échapper.

Le positivisme, vous ai-je dit, a subi une profonde déviation, que nous avons mission de signaler et de rectifier. La nature tout intellectuelle de cette déviation constitue pour la marche de nos doctrines un danger des plus sérieux. Non seulement le positivisme a été rejeté de ses voies, quand on a méconnu son caractère religieux ; mais de jeunes intelligences, qu'on eût pu certainement mieux occuper qu'à enseigner l'arithmétique ou la chimie, se sont trouvées de la sorte détournées de l'apostolat de l'Humanité.

Une semblable méprise a eu pour conséquence de troubler la famille positiviste. C'est à elle, en effet, qu'il faut attribuer la scission à tout jamais regrettable survenue dans son sein.

Auguste Comte, vous le savez, Messieurs, nous a montré les dangers pour le cœur d'une culture qui ne s'adresse qu'à l'esprit. Pour nous mettre en garde contre un pareil danger, il n'a pas craint de nous citer son propre exemple. Vous allez voir dans une des lettres qui vous seront lues quel jugement il portait, à la fin de ses jours, sur son œuvre fondamentale, la Philosophie positive. Le point de vue qui y domine est l'unique cause, dit-il, de la sécheresse qu'il croit y constater, lorsqu'il la compare à l'œuvre de seconde vie, à la *Politique positive*, écrite sous l'inspiration de sa sainte compagne. On ne saurait se refuser, jusqu'à un certain point, à reconnaître la légitimité d'un tel jugement, quand, suivant son invitation, on se reporte à ses premiers opuscules où domine le caractère social et même religieux.

Une pareille comparaison, soit dit en passant, ne peut qu'accroître notre reconnaissance envers celle par qui le grand novateur fut préservé d'un avortement, dont il faut bien admettre la possibilité, même chez un tel génie.

Puisque nous établissons, pour ainsi dire, le bilan d'une situation, qu'on me passe le mot, laissez moi jeter encore un regard rétrospectif sur les dernières années d'une grande existence qu'on ne saurait trop étudier.

Lorsque la dictature impériale eut prévalu, il y a quelque trente ans, vous savez à quels efforts se livra, pour la rendre organique, pour la ramener à la forme républicaine, celui qui seul alors pouvait apprécier la marche des événements, dans la situation si grave et si complexe qui apparaissait alors. Vous trouverez dans l'Appel aux Conservateurs tout ce que je pourrais vous rappeler à ce sujet. Toute illusion de modifier, ce qui n'était pas modifiable, ayant disparu pour lui, il songea alors à assurer la discussion pacifique des grands principes d'ordre social, en poussant à la séparation du spirituel et du temporel, que l'avènement de la dictature réclamait à titre de complément nécessaire. Il n'avait plus rien à attendre d'un régime dont le caractère à la fois anarchique et rétrograde se dessinait de plus en plus. Aussi, c'est vers ceux qui pouvaient, dans sa pensée, bénéficier d'une telle mesure qu'il tourna ses efforts.

Rallier d'une part les vrais libéraux, en leur montrant le triomphe de leurs généreuses aspirations dans une doctrine organique, que son Appel aux Conservateurs avait spécialement résumée, rapprocher d'une autre les partisans divers des *fois* déchus, en légitimant par la démonstration, les règles de conduite, qu'une sagesse séculaire offrait comme garantie à la moralité humaine, était certainement chose digne de préocuper un grand cœur.

Une semblable alliance impliquait nécessairement la suppression du budget des cultes, qui devait entraîner après elle celle des deux budgets académique et universitaire.

C'est par la Compagnie de Jésus seule, vous ai-je dit, Messieurs, qu'une pareille initiative pouvait être prise. Aussi est-ce à son général que s'adresse directement Auguste Comte, par l'intermédiaire de l'un de ses plus ardents disciples. Vous savez par quelles raisons il croyait pouvoir l'entraîner. Quelque invraisemblable que paraissent certaines choses, elles ne s'imposent pas moins, lorsqu'elles sont réclamées par des motifs sociaux. Ne voyons-nous pas d'ailleurs toutes les *fois* théologiques, quelque opposées qu'elles soient, se liguer, sous nos yeux mêmes, en présence du mouvement social qui semble les menacer.

Que faudrait-il pour donner de la consistance à cette ligue latente? Qu'une doctrine, portant avec elle la démonstration, de ce qu'on ne peut défendre qu'avec des raisons que l'esprit moderne repousse, vînt enfin en montrer la légitimité sociale.

Si le discrédit qui frappe en ce moment la Compagnie de Jésus, si les fautes qu'elle a commises en d'autres temps, lorsqu'elle fanatisait le pontife romain, lorsqu'elle arrachait à l'Empire les mesures les plus oppressives, ne permettent plus de lui tenir le langage d'une autre époque, et d'attendre de son initiative la suppression des subventions théologiques, l'esprit public, qui, en notre pays, a toujours le pressentiment des vrais besoins, saura bientôt l'imposer à un gouvernement sans caractère déterminé, où l'ordre et le progrès se trouvent à la fois menacés. Vous savez qu'elle résistance la suppression du budget des cultes rencontre en ce moment dans nos Assemblées. Les doctes personnages qui y dominent, espèrent, en écartant cette malencontreuse question, éloigner l'échéance des grands problèmes, qu'une pleine liberté d'exposition ramènerait à l'ordre du jour.

Je vous ai signalé les conséquences qu'il faut attendre de la séparation du spirituel et du temporel. La dictature républicaine, sur laquelle mon estimable ami, le docteur Sémérie, vous parlera prochainement et qui implique l'alliance des grandes villes, en sortira tout d'abord. Quant à la ligue religieuse elle en résulte naturellement. Elle durera autant de temps qu'il en faudra pour remplacer dans les grandes natures, par une foi démontrable, celles qui ne le sont pas.

Après ce coup d'œil jeté rapidement sur les dernières pensées du grand philosophe, on se demande ce qu'on doit admirer le plus, de cette grande conception, qui impose le respect de la libre discussion, comme condition de l'ordre fondamental, ou de cette prévision, à plus de vingt ans de distance, d'un mouvement que vous voyez s'accomplir spontanément sous vos yeux, je veux dire de cette ligue qu'impose la force des choses, où les sentiments les plus recommandables s'insurgent contre les dissolvants les plus anarchiques. C'est cette ligue qui fut prédite par le grand philosophe.

Ce court résumé, de ce que je vous ai déjà exposé dans nos précédents entretiens, vous indique assez dans quel sens doit être désormais dirigé notre propagande et quel doit être le but de nos efforts.

On peut disserter ailleurs sur la nécessité de la religion, sans pour cela en ressentir les besoins. Voltaire l'eût fait aussi bien que ceux qui en parlent aujourd'hui. N'a-t-il pas dit que : « Si Dieu n'existait pas, il faudrait l'inventer. » Cet esprit sceptique et railleur, reconnaissait, lui-aussi, à sa manière, la nécessité d'une religion. Au fond, ces prétendus continuateurs d'Auguste Comte, comme on l'a déjà dit, ne sont que la suite de Voltaire.

Vous me permettrez maintenant, Messieurs, de consacrer ce qu'il nous reste de temps à vous donner connaissance de ce qui, dans la correspondance d'Auguste Comte, se rapporte aux questions que j'ai soulevées dans ces divers entretiens. Vous ne regretterez pas le temps que nous allons consacrer à cette lecture.

1º   Paris, le jeudi 1ᵉʳ Homère 69.

Mon cher Disciple,

. . . .

Déjà spontanément désillusionné quant aux savants, il faut aussi que vous soyez spontanément émancipé de la science comme de la métaphysique et de la théologie. Le point de vue pratique, qui naturellement domine vos études médicales, vous fait sentir l'inanité des spéculations biologiques. En relisant mon volume (la *Logique positive*), vous étendrez cette appréciation à l'autre extrémité, plus spécieuse, de la philosophie naturelle, en reconnaissant l'impuissance des conceptions mathématiques.

Sans être ainsi dégagé de tout prestige scientifique, vous ne pourriez assez conserver la pleine liberté d'esprit qu'exige la régénération finale. Toutes les sciences n'ont de valeur que comme préparant l'étude de la nature humaine. Même celle-ci n'est vraiment systématisable qu'en la rattachant à sa destination pratique pour le perfectionnement de l'homme. Tout le reste est vanité.

. . . .

Signé : Auguste Comte.

2º   Paris, le jeudi 15 Homère 69.

Mon cher Disciple,

. . . .

Envers la principale partie de votre mémorable lettre, je dois surtout ébaucher la systématisation directe des réflexions générales que je vous ai précédemment indiquées sur l'émancipation scientifique, spécialement indiquée dans le cas le plus décisif, quoique sous un mode spontanément latent, dans le volume que vous relisez maintenant. Il faut directement regarder un tel affranchissement comme le complément normal de l'évolution fondamentale que caractérise la loi des trois états. Le dernier état doit être, à cet effet, décomposé dans ses deux modes successifs, l'un scientifique, l'autre philosophique, respectivement analytique et synthétique. C'est seulement au second qu'appartient la qualification de *définitif*, d'abord appliquée confusément à leur ensemble. Au fond, la *science* proprement dite est aussi préliminaire que la théologie et la métaphysique, et doit être autant éliminée par la religion universelle, envers laquelle ces trois préambules sont l'un provisoire, l'autre transitoire et le dernier préparatoire. J'ose même refuser aux sciences l'attribut de pleine positivité, qui ne consiste pas seulement dans la pleine *réalité* des spéculations, mais dans la combinaison continue avec l'*utilité*, toujours rapportée au Grand-Être, et dès lors ne pouvant être dignement apprécié que d'après la synthèse totale, c'est-à-dire subjective et relative. Dans la construction finale, le début théologique de la préparation humaine n'a pas moins d'efficacité que sa terminaison scientifique. Si celle-ci fournit les matériaux extérieurs, l'autre ébauche les dispositions intérieures, en compensant l'imaginarité par la généralité, dont l'absence interdit toute vraie rationnalité théorique.

Sous un aspect plus systématique, la première vie est surtout distinguée chez l'individu comme envers l'espèce, par la vaine recherche continue d'une *synthèse* essentiellement *objective*, tandis que la seconde contient et développe la *synthèse* purement *subjective*, dont l'autre a spontanément fourni les matérieux nécessaires. Même quand la science a déjà senti l'inanité des *causes* et fait graduellement prévaloir les *lois*, elle aspire autant que la théologie et la métaphysique à l'objectivité complète, rêvant l'universalité d'explication extérieure d'après une seule loi, non moins absolue que les dieux et les entités, suivant l'utopie académique. A cet égard, je dois naïvement étendre un mot de ma dernière circulaire qui prolonge ce reproche jusqu'à moi, d'après mon ouvrage fondamental, où, ne fût-ce qu'à ce titre, la postérité ne verra, comme je sais déjà le dire noblement, qu'une construction de début, un travail de première vie, ne tendant vers la seconde que dans le terme final, tous les autres restant plus ou moins soumis au prestige scientifique, dont l'état pleinement religieux m'a seul affranchi.

Ceci me conduit à vous faire mieux préciser la vraie distinction normale entre la théorie et la pratique, d'après la meilleure appréciation sociale de la division fondamentale entre les deux puissances, surtout rapportée au mode spontanément entrevu par M. Dunoyer. Au fond, la théorie et la pratique ne sont nettement séparables qu'envers le domaine inorganique ; au delà de la cosmologie, elles restent nécessairement mêlées, quoique toujours distinctes, comme l'algèbre et l'arithmétique. Le pouvoir dit théorique *agit* sur l'homme, tandis que le pouvoir purement *pratique* modifie l'ordre matériel : telle est leur seule différence sociale. Dans l'action industrielle, le sacerdoce n'influe que spéculativement, d'après les lois générales dont il reste normalement interprète. Mais, pour le perfectionnement humain, il est éminemment actif. Ses études sont alors subordonnées à sa destination, suivant l'axiôme : *Connaître pour améliorer*, qui sera la seconde épigraphe de mon prochain volume, la première étant le fameux vers de Pope : *The proper Study of Mankind, is man*, déjà choisi par Cabanis. Parvenue à la morale, même à son début biologique, la conception positive devient à la fois théorique et pratique.

On peut ainsi concevoir historiquement la restriction spontanée du régime purement *scientifique* à l'enceinte mathématique et cosmologique, hors de laquelle les médecins ont, de tout temps développé des dispositions essentiellement synthétiques, qui doivent aujourd'hui fournir le meilleur appui théorique de la régénération universelle. Cette concurrence croissante entre les médecins et les savants doit bientôt aboutir à rendre les uns graduellement incorporables au sacerdoce positif, d'où les autres seront autant exclus que les théologiens ou métaphysiciens. Pour se transformer ainsi, les médecins n'ont maintenant besoin que de devenir pleinement conséquents à leur impulsion synthétique, en cessant d'aspirer à la synthèse corporelle, indépendamment de la synthèse cérébrale, et reconnaissant l'entière indivisibilité de la vraie systématisation subjec-tive. Nous devons prochainement attendre ce dernier pro-grès du digne essor des médecins complètement positivistes. La lettre décisive à laquelle j'achève de répondre me con-firme, après tant d'autres également précieuses, dans l'es-poir que vous figurerez au premier rang parmi les dignes inaugurateurs de cette nouvelle médecine, immédiatement incorporable au sacerdoce de l'Humanité.

Tout à vous.

Signé : Auguste Comte.

3º   Paris (10, rue Monsieur-le-Prince), le mardi 27 Aristote 69.

Mon cher Disciple,

. . . . , . . .

Je vois que vous avez maintenant apprécié mon nouveau volume, de manière à l'utiliser plus que personne. Sa réac-tion générale sur votre finale émancipation scientifique m'est surtout précieuse, comme garantissant l'intégrité de vos dispositions synthétiques et leur efficacité religieuse. Vous avez dignement senti que la science, loin de consti-tuer l'état positif, se borne à lui fournir, après la théologie et la métaphysique, une dernière préparation nécessaire qui, comme les deux autres, a ses inconvénients autant que ses avantages, et devient profondément nuisible en se pro-longeant outre mesure. Pour caractériser la *positivité* de nos conceptions, il faut toujours que leur *réalité* se com-bine avec leur *ulilité*, laquelle n'est vraiment jugeable que religieusement, d'après la relation de chaque partie avec l'ensemble. On sent que la science serait moins apte que la théologie à constituer un état fixe, puisque l'entendement ne saurait jamais prendre pour une vraie résidence une simple échelle, uniquement propre à monter ou descendre entre le monde et l'homme, quand nos besoins l'exigent, et nullement capable de nous fournir un domicile permanent. Il est temps que les véritables théoriciens s'affranchissent, à cet égard, d'une domination dégradante, afin de pouvoir dignement installer les grandes notions religieuses contre lesquelles la science sera bientôt insurgée avec plus d'animosité que la théologie et la métaphysique, parce qu'elle aspire davantage à perpétuer l'interrègne spirituel. . . . .

. . . .
. . . .
. . . .
. . . .

... Cette douloureuse explication m'interdit de m'étendre autant que je le voudrais, aujourd'hui, sur ma seconde communication relative à la mémorable ambassade de M. Sabatier auprès du chef ignacien, accomplie à Rome le 1er Aristote. Mon éminent employé m'a récemment transmis, à cet égard, une admirable relation, intégralement lue à la Société positiviste le 11 mars, et publiable ultérieurement dans la préface de mon *Appel aux Ignaciens.*

Agissant plutôt en missionnaire qu'en ambassadeur, comme le doivent des organes, même temporels, du positivisme, il a noblement préparé sa mission spéciale par une incomparable lettre générale, dont il m'a transmis une copie littérale, sur la doctrine au nom de laquelle il parle au chef des jésuites. Il l'a surtout caractérisée comme plaçant la *dignité dans la soumission, le bonheur dans l'obéissance et la liberté dans le dévouement.* Mais tout cela n'a nullement frappé, du moins en apparence, son interlocuteur, qui n'était pas le général lui-même, mais son chargé des affaires françaises, le père Robillon, spécialement désigné par M. Beckx pour cette conférence exceptionnelle, ainsi restée jusqu'à présent préliminaire. Encore incapable de devenir un véritable ignacien, ce que le positivisme pourra seul leur inspirer, sous la pression des événements, le chef jésuite a naïvement abdiqué toute vraie prétention au pouvoir spirituel par cette déclaration réitérée :

« Nous sommes de pauvres religieux, étrangers à la politique... Nous ne pouvons accepter aucune ligue qui n'aurait pas pour objet direct le triomphe du nom de Jésus. Nous savons que l'ordre européen peut être gravement troublé ; mais nous n'y pouvons rien, que de nous faire massacrer au nom de Jésus. Soyons amis, mais en agissant chacun de notre côté. » Vous voyez que le positivisme est désormais dépourvu de toute concurrence réelle dans la réorganisation intellectuelle, et morale de l'Occident.

Mon éminent organe a fait involontairement sentir aux jésuites, après ce premier contact officiel des deux seules églises organiques, la supériorité, non seulement intellectuelle, mais sourtout morale de la nouvelle foi, quant à la générosité des sentiments, l'abnégation de la conduite, et même la politesse des manières. En même temps, rien n'est plus propre qu'une telle épreuve à manifester l'admirable plénitude de la conversion positiviste d'un jeune apôtre, qui, trois ans auparavant, était dans l'état le plus révolutionnaire.

Ma réponse immédiate, en félicitant M. Sabatier, l'a spécialement détourné de toute nouvelle tentative actuelle, à moins que le chef jésuite ne fasse quelque démarche envers lui, ce qui semble peu probable, quoique la proposition formelle n'ait pu même être encore énoncée. J'ai seulement envoyé par la poste à M. Sabatier, pour M. Beckx, le *Catéchisme positiviste et l'appel aux conservateurs*, avec ma huitième *circulaire*. Nous verrons si cet envoi suscite de nouveaux contacts.

Tout à vous.

Signé : AUGUSTE COMTE.

4º   Paris (10, rue Monsieur-le-Prince), le vendredi 23 Archimède 69.

MON CHER DISCIPLE,

. . . .

L'admirable lettre nouvelle, que j'ai récemment reçue de mon éminent disciple romain, commence par une indication de l'accueil inespéré que le général ignacien a finalement fait à l'envoi dont je vous parlai, quoique je craignisse même que la douane papale n'interceptât cette transmission postale. Ses remercîments écrits sont vraiment convenables pour M. Sabatier et pour moi; ce qui me fait maintenant espérer que le *Catéchisme positiviste et l'appel aux conservateurs* seront sérieusement lus au Jésus. Cette négociation naissante n'est donc pas encore ajournée indéfiniment, comme je l'avais d'abord craint; et peut-être ces lectures frapperont assez les chefs actuels du catholicisme pour qu'ils utilisent le séjour à Rome de mon incomparable envoyé, sans attendre la publication, en 1863, de mon *Appel aux Ignaciens*, dont la préface reproduira l'admirable rapport de M. Sabatier.

Tout à vous.

Signé : AUGUSTE COMTE.

5º   Paris (10, rue Monsieur-le-Prince), le jeudi 15 César 69.

MON CHER DISCIPLE,

. . . .

Quand à votre appréciation générale, radicalement saine, de la ligue religieuse, dont la portée n'est bien sentie que par vous, il faut mieux concevoir le vrai caractère d'une telle alliance, où la présidence positiviste ne comporte aucun partage, et doit pourtant respecter l'indépendance nécessaire de chaque élement. La conciliation résulte de ce que l'ascendant du positivisme s'y borne à la portion du public occidental qui représente l'avenir, tandis que les quatre monothéismes subordonnés, catholicisme, islamisme, judaïsme et protestantisme proprement dit, n'agissent que sur les âmes, beaucoup plus nombreuses, mais bien moins influentes, où le passé domine encore. Ils seront naturellement conduits à reconnaître notre suprématie par les mêmes impulsions sociales qui leur feront finalement souhaiter une ligue religieuse, que le positivisme peut seul instituer et maintenir d'après les affinités spontanées avec ses divers éléments, tous naturellement incompatibles sans cette présidence commune.

Tandis que la ligue du seizième siècle devait seulement rallier les différentes populations catholiques contre l'imminente invasion du protestantisme, celle du dix-neuvième unira tous les éléments vraiment religieux de l'Occident contre le concert, de plus en plus systématique, des âmes radicalement indisciplinables, dont l'ascendant social tendrait à dissoudre toute religion, et, par suite, tout gouvernement. Si la première ligue ne put réellement durer au delà d'une génération, faute d'atteindre son but, la seconde ne doit aussi fonctionner que pendant ce même temps, parce qu'il sera pleinement suffisant à sa principale destination : la prépondérance décisive de l'esprit religieux d'après l'installation de la foi positive, librement assistée par les diverses croyances caduques.

Nous devons déjà compter avec confiance sur la formation occidentale de cette noble ligue temporaire, parce que l'anarchie mentale et morale va bientôt se développer au point d'attirer la principale attention continue de toutes les âmes honnêtes, vers la terminaison directe de l'interrègne religieux. J'ai souvent annoncé que nous sommes seulement au début de cette anarchie, qui ne pouvait pleinement surgir tant que l'ordre matériel était habituellement menacé, les préoccupations qu'elle suscite tendront à suspendre les dissidences spirituelles devant un péril universellement senti ; quoique cet ordre ne puisse ainsi durer que sous l'assistance continue de laborieux artifices empiriques, qui laissent toujours redouter sa prochaine dissolution, son maintien reste pourtant assuré, sauf les orages passagers, par l'infatigable surveillance des divers gouvernements occidentaux qui, surtout au centre, s'efforcent avec un succès qui mérite toute notre reconnaissance, d'étouffer, tant au dedans qu'au dehors, les résultats pratiques des tendances anarchiques dont le traitement ne leur appartient pas. D'après cette précieuse disposition habituelle, principale différence entre les hommes d'Etat du dix-neuvième siècle et ceux du dix-huitième, le calme matériel se trouve assez assuré pour permettre le plein développement du désordre spirituel, déjà parvenu, même au sein des familles, à troubler les diverses relations sociales, par une action dissolvante, contre laquelle l'impuissance nécessaire des gouvernements les poussera bientôt à seconder la réorganisation religieuse. C'est du libre essor de ces perturbations radicales, que surgira, de plus en plus, le besoin de la sainte ligue propre au dix-neuvième siècle, à l'insu même de la plupart de ceux qui deviendront ses membres les mieux dévoués, surtout si mes disciples savent assez remplir, à cet égard, les conditions d'initiative néces-sairement liées à leur état systématique, essentiellement stérile jusqu'ici, faute de cœur et de caractère.

Tout à vous,

Signé : Auguste COMTE.

6°   Paris (10, rue Monsieur-le-Prince) le jeudi 8 saint Paul 69.

MON CHER DISCIPLE,

Dans votre lettre de dimanche soir, reçue hier matin, je suis spécialement touché de la noble appréciation où je pressens le jugement final de la Postérité, pour ma sainte collègue éternelle. J'ai récemment conquis, à cet égard, une sécurité complète en reconnaissant que sa glorification morale est irrévocablement liée à la conviction intellectuelle de l'incontestable supériorité de ma *Politique* sur ma *Philosophie*. Afin de mieux mesurer cette prééminence décisive, j'ai spécialement relu, ces jours-ci, la meilleure partie de la *Philosophie positive*, c'est-à-dire les trois chapitres extrêmes de *conclusions générales*, que je n'avais jamais regardés depuis quinze ans. Outre leur sécheresse morale, qui m'a fait immédiatement lire un chant d'Ariosto pour me remonter, j'ai profondément senti leur infériorité mentale par rapport au vrai point de vue philosophique où le cœur m'a pleinement établi. Nul digne penseur ne saurait maintenant méconnaître un tel contraste, ni, par suite, oublier l'angélique influence qui le produisit d'après une filiation dont toutes les phases essentielles sont nettement appréciables.

Je ne pourrai jamais trouver une meilleure occasion de vous communiquer mon jugement final, que ma biographie consacrera, mais qui déjà circule, depuis six mois, parmi mes disciples parisiens. Il consiste en ce que, quoique j'aie dû professer, et même écrire, le cours de *Philosophie positive*, je ne devais pas le publier, sauf à la fin de ma carrière, à titre de pur document historique, avec mon volume personnel de 1864. La préparation qu'il accomplit m'était réellement indispensable : mais je pouvais et devais l'éviter au public, où la marche du positivisme eût certainement été plus ferme et plus rapide, si je ne m'étais directement manifesté que par la *Politique positive*, après ma régénération morale, d'une manière pleinement conforme au principal esprit de mes opuscules fondamentaux, directement dirigés vers ma destination sociale ; sans susciter une station intellectuelle qui fait maintenant surgir, surtout en Angleterre, de graves entraves à notre installation religieuse.

Cette faute primitive ne m'a finalement laissé de vraie compensation durable que de mieux signaler, d'après un irrécusable contraste, la profonde réaction philosophique due à l'ascendant spontané de mon incomparable patronne ; en ce sens, je ne dois rien regretter. Personne ne s'attend à me voir finalement juger ma propre carrière avec une telle sévérité, qui pourtant n'est pas exagérée. Si le prétendu positivisme *intellectuel* nous suscite tant d'embarras, c'est surtout à moi qu'on doit aujourd'hui reprocher l'apparente consistance que ses chétifs adeptes n'auraient jamais acquise sans la consécration systématique que mon premier grand ouvrage semble leur offrir, et qui suffirait pour vous expliquer le soin spécial que je mets, depuis quelques années, à détourner les nouveaux disciples d'une telle lecture, à laquelle les anciens doivent leurs principales imperfections.

. . . .

. . . .

. . . .

. . . .

Afin de mieux encourager votre utile projet local· de propagande ignacienne, je dois vous annoncer que votre jeune compatriote, M. Sémérie, a récemment entrepris une tentative équivalente envers le fameux père Félix, avec lequel il a quelques contacts personnels. Je l'ai directement invité, ces jours derniers, à se donner une meilleure attitude dans cette relation en s'y posant comme le prolongement spontané de la mission systématique récemment ouverte par M. Sabatier auprès du général ignacien : ce début doit déjà cesser d'être un mystère, en attendant la publicité que lui procurera *Mon appel aux Ignaciens*, en 1863. Vous devez, à plus forte raison, prendre un tel caractère dans ce troisième contact, où je vous engage à faire d'abord lire ma dernière circulaire, et surtout à *représenter le positivisme comme directement résumé par l'utopie de la Vierge-Mère*, qui doit nous rendre spécialement attentifs tous les dignes catholiques des deux sexes.

Tout à vous,

Signé : Auguste Comte.

Nous avons cru devoir joindre à cette publication la petite *canzone*, dont il a été question dans le cours de ces entretiens. Nous avons dit qu'Auguste Comte la récitait chaque matin en se levant. Elle montrera mieux que tout ce que nous pourrions dire, tout ce qu'il y avait de grâce et de délicatesse dans cette nature qui fut, de la part de celui que son doux commerce transforma, l'objet d'un culte de tous les instants.

LES PENSÉES D'UNE FLEUR

Je nais pour être aimée ; oh ! merci bon destin !
Que les puissants mortels contre toi se déchaînent !
Aux pieds de tels autels que les vents les entraînent,
    J'ai mes parfums et mon matin.

J'ai le premier regard du roi de la nature,
J'ai son baiser de feu, sa splendeur pour parure :
J'ai de la jeune Aurore un sourire de sœur ;
J'ai la brise naissante et la douce saveur

De la goutte penchée au bord de mon calice ;
J'ai le rayon qui joue au seuil du précipice ;
J'ai le tableau magique, en grandeur sans pareil,
De l'Univers s'ouvrant les portes du réveil.

Jamais le froid mortel ne doit tarir ma vie :
Au sein des voluptés, doucement, je m'endors ;
La nature me garde et me rend ses trésors ;
A son banquet d'amour, je m'éveille ravie.

J'ai bien souvent embelli la beauté ;
Sur un cœur pur, mon pur éclat rayonne :
Le plaisir me tresse en couronne
Et le bonheur m'attache à son côté.

Quand le rossignol s'inspire
Sur ma tige en se jouant,
Pour laisser résonner son chant
La nature entière expire.

L'amour me dit tous ses secrets ;
J'abrite ses douces prières,
J'aide au bonheur de ses mystères ;
Je suis la clef des cœurs discrets.

O doux destin ! si les soupirs profanes
De tes décrets pouvaient changer le cours,
Seule ici-bas, dans mes langes diaphanes,
Je renaîtrais au souffle des amours.

Des sombres tempêtes
Sauve-moi l'horreur ;
Que toujours la fleur
Sourie à tes fêtes.

CLOTILDE DE VAUX.

Paris — Impr. Noux, [assoc. ouvr.], 11, rue des Jeûneurs. — G. Masquin, direct.